又 하나의 불빛

하영 시선집

돌출판 경남

■ **일러두기**
- 한 작품이 두 페이지에 연결될 때, 둘째 페이지 첫 행이 한 연의 시작이면 상단에 '>' 표기를 합니다.
- 시집 원본을 존중하였습니다.

시인의 말

꽃 피는 소리에 놀라
가슴 두근거리고

나비의 날갯짓에도
생채기 나던 봄날

솔잎 끝 이슬방울마다
무지개 걸어놓고

비바람 함께 견딘
해·달·별님

반짝임으로 소식을 보내는
또 다른 별님

참 고맙습니다.

사천삼백오십칠년(2024) 십이월, **하 영**

| 차례

시인의 말　　　　　　　　　　　　　3

제1부 제5시집 《안개 는개》
(2021년 12월 · 도서출판 경남)

순명順命	14
안부를 여쭙니다	15
명화 한 점	16
물매화 첫사랑	18
노을빛 치마	19
작은 등燈	20
옥계 드는 길	21
오어지 둘레길 걷다가	22
아직, 동거 중	23
27세 사도思悼	24
수저를 들고	26
어느 날 문득	27
안개 는개	28
소욕지족少欲知足	30
주머니 속의 섬	32
아사바스카 빙하 Athabasca Glacier	34

미네완카 호수	36
브란성 Castelul Bran	38
나의 오월, 플리트비체	40
율리안 알프스, 치맛자락	42
누에보 다리 Puente Nuevo	44
두두공덕림頭頭功德林	46
올리브나무를 흔드는 바람	48
바실리섬 붉은 등대	50
나비효과 Butterfly Effect	52
현관懸棺	54
광개토대왕릉廣開土大王陵	56
벽련碧蓮포구	58
노도櫓島에 갔더니	60
유배지, 찻잎을 따서	61
DMZ 붉은토끼풀	62
다호리茶戶里	63
그때 그 물빛	64
부채꼴 주상절리	65
立春, 당신	66

제2부 제4시집 《햇빛소나기 달빛반야》
(2009년 7월 · 문학아카데미)

달빛반야	70
늦은 저녁이 달다	71
햇빛소나기, 청령포	72
청령포, 관음송	74
빈센트 반 고흐	76
석류	77
엉겅퀴꽃	78
선운사 동백	79
후일煦日	80
라벤더 향기	82
수타 니파타 sutta-nipata를 다시 읽으며	84
봄눈(春雪)	85
귀비고貴妃庫	86
동백은 잘 자랐더냐	88
연어처럼, 은어처럼	89
현호색	90
파란 풍경 속의 부부	91
내원사 계곡	92
연곡사燕谷寺 동부도東浮屠	94

덕주사 마애불 가다가	96
그해, 팔월	97
물빛, 반야	98
묵연이좌默然而坐	100
창수령을 넘으며	102
세심정洗心亭에서	103
수승대 요수정 쪽마루에 서서	104
때로는, 나무	105
관음觀音 찬讚	106
원음圓音	108
천수관음千手觀音	110
보드가야의 아침	112
미당 묘소	113
금줄	114
노랑어리연꽃	116
안면도에 와서	118
방죽	120
숙모님은 꽃잎처럼	122
목리木理	123
청련암淸蓮庵 풍경 소리	124
병산서원	125

제3부 제3시집 《자귀꽃 세상》
(1997년 10월 · 문학아카데미)

수없이 손을 비벼 몸을 데우고	128
삐삐꽃	129
할미새	130
안민고개	132
가을 무학산	134
주논개 생가에서	136
고산 산부추	137
꽃등	138
희망을 가져본다	139
폐선	140
봄 동화	142
겨울 동화	144
작은 행복	146
심경心經	147
보현사에서	148
불일폭포에서 잠시	149
운주사에서	150
자귀꽃 세상	152
작은 날개가 젖는다	154

바다에 떨어지는 달을 보았다	156
다솔사 적멸보궁	157
비밀	158
애기도라지	160
최치원	161
달마	162
조주趙州를 생각하며	163
하느님의 그림, 스위스	164
카타콤베	166
만파식적	167
가장 아름다운 이름으로	168

제4부 제2시집 《빙벽 혹은 화엄》

(1993년 9월·문학아카데미)

나비의 꿈	172
빙벽 혹은 화엄	173
和 : 더불어 살기	174
천의 극락과 천의 지옥	176
아무도 말하지 않는다	178
향긋한 냄새가 난다	180

가을 주왕산周王山	182
작은 불씨라도 가진 사람은	184
자작나무 숲에서	186
화청지華淸也	187
진시황릉에 올라	188
진시황 병마용갱兵馬俑坑	190
구름버선을 신고	192
만어사萬魚寺 시편 · 1	193
만어사萬魚寺 시편 · 2	194
만어사萬魚寺 시편 · 3	195
미모사	196
백양나무 아래 서면	197
또 하나의 등불	198
더 크고 또렷하게	199
괭이갈매기에게 물어 본다	200
부끄러워라, 삶이여	202
합포만 연가	204
파장	205
파도의 노래	206
돌섬의 노래	207

제5부 첫 시집 《너 있는 별》
(1990년 10월·문학아카데미)

아지랭이	210
너 있는 별	211
미뉴에트	212
파도에게	214
소금꽃	215
저녁강	216
눈보라	217
자화상	218
자운영 사랑법	220
동백꽃	221
저녁놀	222
믿는다	223
불새	224
D단조 연가	225
그날	226
담을 쌓는다	227
오색 종이집	228
3월	229
풀꽃의 편지	230

나이아가라	231
협·궤·수·인·1	232
협·궤·수·인·2	233
새우잠	234
永思齋(영사재)에서	235
雪夜(설야)·1	236
발을 씻는다	237

제1부

제5시집
《안개 는개》
—
2021년 12월 · 도서출판 경남

순명順命

그리움과 그리움

시간과 시간

그 끝자락에도 꽃은 피고

그 아득함 너머로
꽃이 진다

한 발 한 발 너에게 가고
나에게 오는 사이

조심, 조심,

한 생生이 영근다

안부를 여쭙니다

하늘이 쥐와 함께 잠을 깨면
땅은 소와 함께 눈을 뜨고
사람은 범과 함께
일어난다 하였으니

잘 주무셨습니까?

천天·지地·인人이 순리대로
새벽을 열었으니
오늘도 평안하시겠습니다.

잘 주무셨습니까?

천리 밖 먼 곳
코로나바이러스 이쪽에서
안부를 여쭙니다.

잘 주무셨습니까?

명화 한 점

투명한 유리잔에 말린 감국 서너 잎 넣고
팔팔 끓여 뜸 들인 물을 붓는다
따끈한 물에 기분이 좋아진 감국
살며시 옷고름 푼다

드디어 꽃잎 사이로 좁다란 오솔길 열리고
갈래머리 소녀 깡충깡충 뛰어간다
경쾌한 뜀박질 소리에 영사재 솟을대문 스르르 열리고
옥색 도포 자락 사이로 흘러나온 할아버지 사서삼경
청아하기도 하다

신식 불파마 머리를 옥양목 수건으로 가린 어머니
모락모락 김나는 고구마
함지박 가득 담아 부엌에서 나오신다

"에미야 해 지기 전에 국화를 따거라.
 내일 아침 서리 내리것다."

\>
뒤란의 국화꽃 일일이 따서
대청마루에 늘어 말려 꽃베개 해주시던 어머니
우리 육 남매 꿈길마저 행복했던
내 맘속 환한 벽에 걸어둔 가장 따뜻한 그림

오랠수록 더 환해지고 또렷해져서
외롭고 서러울 때마다 꺼내보는
명화 중의 명화 한 점
─2016년

물매화 첫사랑

오랫동안
석간수 흐르는 작은 연못에
제멋대로 뛰놀던 은어 한 마리
저문 강 저편 바다로 내몰았습니다

물길이 잦아져 고요할 때까지
고요와 고요의 경계가 사라질 때까지
오랫동안
가슴을 쓸어내리며 바라보았습니다

오랜 시간 흐른 지금에도
물매화 꽃그늘 수시로 드나들며
비늘을 번득이는 은어 한 마리

노을빛 치마

지심도 동백터널 아래서
하피첩霞帔帖을 읽으며
옛집 반닫이 깊숙이 모셔둔
옷 한 벌 꺼낸다

연두색 저고리
동백나무 곁가지에 걸쳐놓고
노을빛 치마로 하늘을 덮는다

오래 견뎠으므로
시간의 끝자락에서 더더욱 아름답다고
잠 못 들던 수많은 밤들도
까마득한 전생이 되었다고
세상에게 다치고 온 심안心眼
편안하고 따스해졌다고

하늘의 눈과 귀가 먼저 알고
수평선 너머
하늘 한 자락 기꺼이 내어준다

작은 등燈

햇살 좋은 오후

바다 한쪽 귀퉁이로 밀려나 꽃 피는 해당화, 버림받은 아이처럼, 가출 소녀처럼, 노숙자처럼, 가슴속에 가장 따뜻한 불을, 잠시나마 지피고 싶었나 봅니다.

간절한 마음이 길을 낸다고
향기로운 길이 되어 기쁨 된다고
물빛도 산빛도 나비처럼 날아와
연인처럼 속삭이며 작은 등燈을 답니다

그동안 참 고마웠다고
오랜 고단함 속에서도
더러는 행복한 날들도 있었다고
아주 가끔,
불빛이 나를, 안아주기도 합니다

옥계 드는 길

백령고개 넘어 구불구불
경남 마산시 구산면 옥계에 드는 날

굽은 길 따라 이리저리 흔들리며 휘어지다 보면
모나고 딱딱했던 마음길이
둥글게 둥글게 다듬어져 부드러워지고 고요해집니다

그 마음길 따라
바람도 파도도 옷깃 여미며
한적한 오솔길로 발길 돌리고
돌돌거리는 개울물도 둥근 포구 안으로 잽싸게 들어와
이곳에 이르면
생의 모난 마음들도 모두, 삼가 둥글어 집니다

어여쁜 후배들의 재잘거림
동글동글 부풀어 오르는 천리향 꽃망울을 두드리고
어제저녁, 고향 집을 몰래 다녀온 봄눈처럼
물오른 오리나무 둥치 옆에 내 발자국
희미하게 남겨봅니다

오어지 둘레길 걷다가

하늘이 잠시 내려와 쉬듯이
구름이 잠시 멱을 감듯이
뒤처진 김에 나도 잠시
메타세쿼이아 간이의자에 앉아 쉽니다

오어지에 손 넣고 하늘을 만져봅니다
운제산 치맛자락 당겨도 보고
지나가는 구름과 술래잡기하면서
나뭇잎 노를 저어도 봅니다

내 안의 그대 살며시 안아보고
빈자리마다 그리움 하나씩 끼워 넣는 손등을
반짝이는 윤슬이 간질입니다

쓸쓸함의 놀이를 부질없이 합니다
시대를 앞서가다 손해만 보셨던 짧은 생의 아버지
구십 평생 재봉틀과 밤 지새웠던 어머니
사라져 간 기억들, 잊혀갈 기억들 꺼내보면서

아직, 동거 중

문이란 문 죄다 열고
천천히 숨 고르기 한 다음
석간수에 뛰어들어 몸을 헹구고
큰 大자로 봄볕에 누웠더니
파르라니 옥색 하늘이 되네

옥색 하늘과 천년만년 살고 싶어
연지 곤지라도 찍어볼까 하다가
치자와 어울려 물장구를 치고 보니
어느새 사월 산빛이 되네
앞뒤 산 나무들의 새순이 되네

사월도 늦은 사월,
고성 안국사 용마루로 병풍을 치고
치자와 쪽은 동거를 시작했네
봄바람 속에 한 몸으로 연을 맺어
여름 가고 가을이 와도
우리는 아직 동거 중이네

― 2010년

27세 사도思悼

계속되는 폭염에, 창경궁 회화나무도 온몸이 타는데, 여드레 동안, 물 한 모금 못 마시고, 숨을 거두었다. 임오년 윤오월 스무하룻날

후회할 과거도
두려워할 미래도 없는 그의 하늘엔
어떤 구름도 걸리지 않는
끝없는 지평선만 있을 뿐…
단비를 내려줄 어떤 손길도 없어
열한 살 어린 아들은 하늘이 무너지고
어미는 애간장이 끊어졌으리

세화로 아래 굴을 파고 집을 지은
여왕개미는
굶주림을 참으며 알을 낳았고
애벌레는 스스로 몸을 찢고 나와 나비가 되었다

\>
후대의 한 여인
정유년 윤오월 뜨건 햇볕 머리에 이고
참척慘慽의 아픔
천붕天崩의 슬픔을
어미 마음 자식의 마음으로 추념하며
달고 시원한 석간수 한 사발
그날의 그 하늘에 바치노니

수저를 들고

목마름과 배고픔이
따뜻한 희망을 안고 기다리듯
수많은 입과 손들이
누군가를 사랑하며 그리워하며 기다리듯
반들반들 윤나는 숟가락과 젓가락 되어
김이 나는 고봉밥이 나오기를 기다린다

배가 등짝에 달라붙던 보릿고개
양지바른 담벼락에 쪼그리고 앉아
마른버짐으로 얼굴 허옇던
손톱 밑이 꺼멓던 옥이와 식이를 기다리듯
섬진강 둑길에 혼자 앉아
달맞이꽃이 피기를 기다리듯
하루의 허기를 따습게 채워줄
시래기국밥이 나오기를 기다린다

숟가락과 젓가락 양손에 들고
머리 조아리며

―2010년

어느 날 문득

돌아갈 수 없는 시간 속에 네가 있고

되돌릴 수 없는 시간 밖에서

너를 기다리네

꽃 피듯 웃어주고

꽃 지듯 울어주던

미움도 설움도 다 내던지고

그때 그 환한 미소로

안개 는개

다 버리고 가라 하였지만
소슬소슬 내리는 빗속에서
제멋대로 자란 머위 잎을 따 배낭에 넣네
다 놓아버리라 하셨지만
보들보들한 야생차 새순
서너 잎 따서 맛을 보네
파스텔로 그려놓은 듯 산빛은 부드럽고
비자나무는 안개비를 자욱하게 뿌리네

다 버리고 가라 하였지만
일주문 기둥에 등 붙이고 앉아
달래 냉이 취나물 돌나물을 파는
촌로의 굵은 주름살 속에 숨은
질곡의 역사를 마음 가득 담아 가네

거친 손으로 빚은 한 그릇의 평안을
쑥털털이* 고명으로 얹어 먹고
일주문 안으로 들어선 나와
문밖에서 서성이는 나를 보네

>
너와 나 사이
나와 나 사이의 간극은
비자나무와 치자나무 사이에서
비를 피하는 꽃과 꽃잎
용문사 기왓골 오르내리는 산안개였네
삶과 죽음 또한 안개와 는개였네

―2010년 4월 26일, 남해 용문사

*쑥털털이: 쑥버무리의 경상도 토박이말.

소욕지족 少欲知足

쑥을 캔다
오래전, 화개장터 대장간에서 벼린
손때 묻어 반질반질 윤나는 칼로
달래 냉이 머위 씀바귀를 캔다

연필 깎듯 정성껏 깎은
백양나무 칼자루에 꽂혀
너에게로 기우는 내 마음자리만큼 굽은 칼로
내 피 만들고 내 살 만들려고
쏙쏙 머리 내미는 새 생명을 캔다

쓴맛과 단맛의 행간 사이로
걸림 없이 드나드는 봄볕처럼
그 행간에 주저앉아
기뻐하고 슬퍼하고 즐거워하면서
후회하고 뉘우치고 참회하면서
더불어 사는 법을 배우기로 한다

>
다 내어주고도
아직도 줄 것이 많이 남았다는 듯
온몸 잘렸어도 아무 일 없었다는 듯
저 무심한 봄나물의 소욕지족少欲知足

주머니 속의 섬

하동 포구 모퉁이 돌아 19번 국도
섬진강 모래톱에 서면
나는 문득 바다가 된다

주머니 속에 들어 있는 섬 하나 꺼내놓으면
바라만 보아도 가슴 아려 눈물 나는 윤슬
함께 어울려 반짝이는
가리비 조가비 매생이들이 너나들이하며
물보라꽃 높이높이 피워 올린다

이윽고 마흔아홉 살의 아버지
윤슬 밟으며 나타나신다
사랑에도
발효의 시간이 필요하고
잊는 것에도 오랜 기다림이 필요하다시던
아버지
환하게 웃으며 등 내미신다

>
가까이 다가오는 수평선 자락 들어 올리면
작은 섬들이 파도 소리를 내며 줄줄이 올라오고
누군가를 위해
따뜻한 등 내어주고 싶은 낮은 산들도
졸망졸망 뒤따라온다 .

아사바스카* 빙하 Athabasca Glacier

두께 100m가 넘는 빙하에 서서 만년 전의 물을 마신다
깊이 균열된 크레바스 crevasse마다
만년 전 바람 불어오고
만년 전 해님 얼굴 내밀고
만년 전 복사꽃 피고 새소리 들린다

로키산맥, 가장 큰 얼음덩어리 콜롬비아빙원에서
만년 전 얼음 한 조각 떼어 먹는다
내 핏줄 속으로 흐르던 산소 알갱이들이 다시
내 안에 강을 이루어 폭포가 되고 다리가 되어
네 이름을 꺼내고 내 이름을 부른다

어느새 색색의 꽃길이 되고 꽃밭이 되고
향기로운 들이 되었다가 우거진 숲이 되고 설산이 되어
다시 눈부신 흰빛으로 빙원을 덮는다

\>

모든 빛이 모이면 흰빛 되듯이
모든 빛의 어머니가 된다

—2009년 9월 19일

*아사바스카: '갈대 속의 꿀, 죽은 갈대가 사는 곳, 꿀의 곡창지대'라
 는 뜻을 담은 원주민의 말.

미네완카 호수

악마의 호수에 손을 담그니
꼬리에 꼬리를 물고 달려온 송어들이
손가락 마디마디 입을 맞춘다
오래전, 고향 들머리 포구나무 아래서
반가워서 죽겠다고 볼을 꼬집던
단발머리 그 가시내처럼

해는 서쪽으로 자리를 옮기는데
은사시나무가 자작나무 뒤에서 샛노란 저고리로 갈아입는다

5월 중순쯤 얼음이 녹고
물안개 보송보송 피어오르면
로키산맥 사뿐히 넘어, 양지바른 이곳 언덕에 서서
해지고 찢긴, 부서지고 흩어져 뒤엉킨 영혼들을
목청껏 불러내어
그 가시내의 볼처럼 발그레하게
송어의 속살처럼 탄력 있고 윤나게
뽀드득 소리가 나도록 정갈하게 몸을 닦아
양지꽃무늬 새 옷 한 벌 지어 입히리

>
누군가를 위해 등 내어주는 인자한 산이 돼라
누군가를 부드럽게 품어주는 따스한 호수가 돼라
주문을 외며
내 안에 숨어 있는 가여운 나를 찾아
정성껏 달인 차 한 잔 공손하게 올리리

—2009년 9월 18일

*미네완카 호수: 1885년 캐나다 최초의 국립공원으로 지정된 밴프국립공원 동북쪽에 있다. 넓은 면적과 함께 길이가 21km나 된다. 거대한 협곡이 어우러진 풍경 좋은 곳이다. 주변 마을과 함께 많은 원주민들이 수장되면서 '죽은 자의 영혼이 잠든 호수', '죽은 영혼이 만나는 곳'이라고 전해진다. 요즘은 '악마의 영혼이 깃든 호수'라고 불리기도 한다.

브란성 Castelul Bran

밀밭 사이로 그대가 보였지요
포도밭 그 너머로 그대가 보였지요
가랑비 사이로 얼굴 내밀고
마로니에 하얀 꽃잎 살랑살랑 흔들며
어서 오라 어서 오라
손짓하며 반겼지요

몽환적인 숲속 집들 손목 잡아당겨도
절벽 위의 언덕으로 달려갔지요
오밀조밀 어여쁜
중세의 성으로 달려갔지요

공간 활용 기막히고
편리하고 고급스런 방들과 계단
정감 있는 다락방을 요리조리 숨겨놓고
성문을 활짝 열고 두 팔 벌려 반겼지요

드라큘라성이라도 상관없고요
흡혈귀가 나와도 상관없어요

세찬 바람 밤새 불어 창이 열려도
춥지도 않겠고 무섭지도 않겠고요
흡혈귀를 안고 자도 행복할 거 같아요

그 옛날, 13세기 무역상처럼
깊은 잠에 빠져도 될 것 같아요
　　　　　—2016년 5월 16일 월요일, 제1일 루마니아

나의 오월, 플리트비체

전나무 삼나무 너도밤나무 사이를 사뿐사뿐
내게로 오신다
내 보폭만큼씩 정답게 다가오신다

그동안 열심히 살았다고 참 수고 많았다고
우렁찬 목소리로 칭찬해 주시며
열여섯 호수 위에 은빛 면사포를 끝없이 펼쳐놓고
마로니에 꽃 한 송이 상으로 주신다

일흔 해를 살면서
단 하루도 완전한 내 것이 아니었던 날들을
온전히 받아주시는 그의 품에 안겨
사나흘 만이라도 함께 살고 싶다

무지개송어들이 청록색 요정을 따라
에메랄드그린Emerald green 물결 속으로 사라진다
핑크빛 줄무늬 무지개색 비늘도 함께 사라진다

\>

꼭 한 번 와보고 싶었던

크고 작은 호수 층층계단을 돌며 왈츠를 추고 싶었던

2016년 나의 오월은

온갖 경계를 허물고 함께하고 싶은 맘 꾹꾹 누르며

나무판 디딤돌 사이로 빠져나가고

높고 낮은 100여 개의 폭포 소리만

세상의 한나절 휘돌아 내 등 또닥인다.

─2016년 5월 24일

율리안 알프스, 치맛자락

23척에만 허락된 플레타나pletana를 타고
알프스 눈동자 속에 자리 잡은 블레드 호수
사랑과 풍요의 여신
지바Živa의 성지였던 블레드 섬으로 갑니다.

신부가 신랑을 짊어지고 아흔아홉 계단을 오르는, 전통결혼식을 뒤따라, 행복의 종, 소원의 종이 있는, 성모마리아승천교회 앞에서 긴 줄을 섭니다.

굵은 밧줄 당기고 당겼지만
온몸 매달려 있는 힘 다했지만
"큰애야! 네 간절함이 지나치진 않았느냐?
작은 아픔을 너무 크게 울진 않았느냐?"
어머님 말씀만 들립니다.

저 멀리 율리안 알프스산맥 곳곳에
옥양목 치마가 하얗게 널려 있습니다.
한달음에 달려가 살펴보니
빳빳하게 풀 먹여 다림질한 치맛자락에

고귀한 흰빛 알프스 꽃, 튼실한 에델바이스꽃들이
옹기종기 모여 앉아 손 녹이고 있습니다.

우리 육 남매 양지바른 둔덕에 둥글게 앉아
풀각시 놀이로 지루함을 달래며
오일장 가신 어머니 기다리듯
그 치맛자락 속에서 손 녹이며
약하거나 강하게 때론 부드럽게
세상을 꿋꿋하게 걸어왔듯이…
—2016년 5월 25일, 제10일 슬로베니아

누에보 다리 Puente Nuevo*

저기 저, 천 길 낭떠러지

씬내이꽃* 피었다.
민들레도 유채꽃도 피었다. 노랗게 피었다.
부채선인장 용설란도 장관이다.

혼신의 힘으로 꽃 피우는 저 씬내이꽃은
허물어진 마음밭 귀퉁이에 가까스로 핀 눈물꽃을 보았을까
 엘타오협곡 에돌아간 과달레빈강 뒷모습을 보았을까
 그 강물 등에 업혀 바람 소리에 실려 간
 내 그리움의 마지막 편지를 읽었을까

너희들은 누구를 위하여 종을 울리나
종 한 번 울릴 때마다
100m 아래 협곡으로 적을 던져 죽였다는
오래전 이야기는 생각지도 말고
헤밍웨이 산책길 아스라이
자드락길 된비알길 어루만지는 꽃바람처럼

>
쉼 없이 곤두박힐지라도
틈새를 꽉 잡고 절벽을 기어올라
불 밝히자
불 밝힌 자리마다 새 생명 태어나고
죽을 자도 살아남는 종을 매달자.

—2014년 3월 31일

*누에보 다리: 스페인 남부 안달루시아 지방 론다에 있는 다리. '누구를 위하여 종은 울리나'의 영화촬영 배경지이기도 하다. 론다는 헤밍웨이가 가장 사랑한 도시며 집필활동을 한 곳으로 그가 거닐던 산책길이 있다.
*씬내이꽃: 씀바귀꽃의 경상도 토박이말.

두두공덕림 頭頭功德林

올리브나무 숲에는 올리브나무만 아는
작은 새가 산다
그 새는 너무나 이쁘고 정숙하여
하느님도 가끔 손길 내미신다
이 나무에서 저 나무로 자리를 옮길 때마다
실로폰 소리를 내는 매끈매끈 동글길쭉한 층계가
미로처럼 놓인다
사뿐사뿐 서푼서푼 그 길 따라가면
정갈히 씻은 하늘이 가지런히 열리고
눈이 절로 밝아진다

어미 등에 업혀 잠든 아이처럼
평온하고 행복에 젖은 발그레한 얼굴로
그 길 따라가면
단 한 번도 온전히 내 것이 아니었던 날들
참혹했던 한 해도
한 걸음씩 물러서다 저만치 달아나고
두두물물이 공덕의 수풀이 된다

\>

지중해 푸른 바다 흔들리는 물결마다
송이송이 뿐다리카 솟아오른다
처처보살로處處菩薩路
두두공덕림頭頭功德林이다

올리브나무를 흔드는 바람

가랑잎에 가랑비 내리는 아침
국화차를 마시며 올리브나무숲으로 가네

신비롭고 아름다운 기암괴석으로 병풍을 치고, 소다호수를 스란 치마처럼 펼쳐놓고 친구들은 잠이 들고, 친절하고 사랑스러운 땅 카파도키아 가는 차 속에서, 터키전문가이드 유상운 씨는 마야 엔젤루의 시를 읊고, 자작곡 기타연주 모음곡을 들려주네.

파샤바계곡, 괴레메골짜기, 비둘기계곡
데린구유, 소금호수, 셀수스도서관
터키 여행 내내 나는
마로니에 꽃송이를 이고
올리브나무를 흔드는 바람처럼
보일 듯 말 듯 흔들리는 나를 보았네

성소피아성당, 블루모스크에서도
연분홍에 연보라를 살짝 입힌 원뿔형 꽃그늘에 서서
꽃잎처럼 아름답고 슬픈 눈빛으로
시를 읊는 또 다른 나를 보았네

\>
세마댄스를 관람하는 중에도, 레따마 꽃송이를 샛노랗게 간질이며, 지천으로 흐드러진 아카시 꽃길 건너, 지중해 푸른 바람 불어오더니.

가랑잎에 가랑비 내리는 이 가을
올리브 나뭇잎을 흔들던 바람처럼 마음 흔드네

바실리섬 붉은 등대

백야가 절정인 하짓날
로스트랄 등대* 아래서 만나요.
처음인 듯 가볍게 손을 잡고
피터폴 요새 높은 담장 끼고 돌면서
우리만의 이야기 살짝살짝 숨기며 걸어 보아요.
낯선 이의 눈길 머물 때마다
기쁘고 반가워서 예쁜 꽃이 필 거예요.

네바강에 유람선을 띄우고
성 삼위일체다리 트리니티를 지날 때는
힘주어 껴안아도 괜찮아요.
짧은 머리를 긴 듯이 쓰다듬어도
살며시 웃어도 괜찮아요.
성모마리아가 허락해 주셨거든요.

백야가 절정인 6월 21일
가장 짧지만 가장 긴 하짓날.
핀란드만으로 흐르는
붉은 등대 앞에 우리 만나서

서툴지만 부끄럽지 않는
그런 사랑 한 번 해보아요.

붉은 기둥 여기저기에
제비나비처럼 날아와 앉은 저 배들처럼
서툰 사랑이든 익숙한 사랑이든
한 번 해보아요.
4대강 누비던 저 배들도
저 붉은 등대도
다 보고 들어서 잘 알고 있거든요.
그래서 괜찮아요. 다 괜찮아요.

―2018년 8월 28일

*로스트랄 등대Rostral column: 전쟁 승리를 기념하여 세운 등대로 붉은 기둥에 검은 배들이 날아와 박힌 모습을 하고 있다. 기둥 앞에 앉아 있는 네 사람은 러시아를 흐르는 4대 강(볼호프강, 네바강, 드네프르강, 볼가강)의 수호신들이라 한다.

나비효과 Butterfly Effect

백척간두百尺竿頭에 서서
나아가지도, 물러서지도 못해, 서러울 때,
부전나비 한 마리 살포시 앉아 말을 겁니다.

서 있는 곳, 내딛는 걸음걸음이 바로
백척간두, 적막강산인 줄 몰랐느냐?

어깨를 담쏙 안아 바람새의 등에 태워
온갖 더러움 단박에 녹아내리는 바이칼 푸른 물로
뽀드득 소리가 나도록 몸을 씻겨
수심 1,620m 깊은 물에 자맥질을 시킨 다음
보드랍고 따스한 천의를 입혀 주시는 당신.

톈산산맥 어느 산기슭 비자나무숲에서
오랫동안 숨 고르게 한 뒤
쿤룬산崑崙山, 수미산을 한 바퀴 돌아
타르사막 물결무늬가 흐트러지지 않도록 조심조심
웃뜨빨라* 봉오리로 앞섶 꼭꼭 여며
내 집까지 데려다주시는 당신.

>
간절히 부를 때마다 한걸음에 달려와
지혜의 손길로 번뇌를 끊어주시는 당신
참 고맙습니다.

* 웃뜨빨라: 청련화靑蓮華를 산스크리트어(梵語)로 웃뜨빨라utpala(우트팔라)라고 하며 한역경전에서는 우발화優鉢華, 우발라화優鉢羅華 등으로 음사하고 있습니다. 문수보살은 항상 사자를 타고, 지혜를 상징하는 청련靑蓮을 들고 있다고 합니다.

현관懸棺

400년에서 1,000년 3,000년으로 거슬러 올라가든, 명대 송대 춘추전국시대로 거슬러 올라가든, 10m 절벽이든 130m 절벽이든, 묘족이든 강족이든 토가족이든…

바람이 가는 길 거스르지 마라
오래 머물러 햇볕 가리지도 마라
새들아

너희처럼 자유롭게 날진 못하지만
안락한 땅에 누워 안식의 기쁨 맛볼 수도 없지만
영원의 틈새마다 어여쁜 꽃송이 피워보련다

산안개 자욱 물안개 자욱
들이쉬는 숨 내쉬는 숨을 만나
산의 가슴에 안기고 강의 등에 업혀
하늘로 바다로 가련다

절벽에 매달린 시체라 말하지 마라
낙타의 혹처럼, 소잔등에 붙은 진드기처럼
누군가가 잘라주고 떼어주지 않아도

창공을 향해 스스로 날아오를지니
삼생三生이 나란히 영원의 강 건널 것이니

저 자드락길 따라가면
내 아비 좋아하던 옥매화 청매화 한창이리니
모란도 작약도 한창이리니…

광개토대왕릉廣開土大王陵

한강에서 만주까지 땅을 넓히고
영락永樂이란 우리 연호年號 최초로 써 주시고
백성을 편케 했던 어질고 큰 임금
감사와 찬탄으로 깊은 절을 올린다

유택은 무너지고 잡풀은 무성한데
연분홍 메꽃들이 여린 발로 기어가서
무너진 봉분을 이불처럼 덮고 있다
지금은 남의 나라 남의 땅 되어버린
애달픈 우리 역사 안타까운 우리 역사
동북공정東北工程* 부끄러운 못난 후손이
부처님께 올리듯이 큰절 올린다

속근근 선복화 순장초라 부르든
고자화 돈장초 선복이라 부르든
어린순은 나물로 먹고 땅속줄기 삶아 먹는
춘궁기엔 식량 되고, 병이 들면 명약 되는
메꽃은 메꽃

\>
제아무리 우리 역사 덮고 덮어도
고구려, 발해 땅은 고구려 땅 발해 땅
하늘과 땅 사이
오뉴월 햇볕보다 뜨거운 진실

―2015년 6월 28일

*동북공정(東北工程): 중국 국경 안에서 전개된 모든 역사를 중국의 역사로 만들기 위해 2002년부터 중국이 추진하고 있는 국가적 연구 사업. 중국 동북부 지역의 동북 3성인 랴오닝 성(遼寧省), 지린 성(吉林省), 헤이룽장 성(黑龍江省)에서 일어난 고구려와 발해의 역사를 고대중국의 지방민족정권으로 편입하려 하고 있다.

벽련碧蓮포구*

늙은 느티나무 두 그루
멀지도 가깝지도 않는 곳에 나란히 서서
섬을 바라본다.

섬을 보는 자리
섬을 보는 자리에서
삿갓섬 노도櫓島를 향해 이름을 부른다.
애달픈 어미 마음 모두 모아
애간장이 타도록 부르고 또 부른다.

선생船生아, 중숙重淑아, 만중萬重아,
밥 챙겨 먹거라
바람에 실려 가는 흉흉한 세상 소리 듣지도 말고
밥을 챙겨 먹거라.

지아비는 나라에 바치고
유복자를 유배지로 보내야만 하는 어미 마음
남해 바다 물빛보다
삼동설한 파도 소리보다 푸르고 또 서럽다.

천사십오 리, 한양 길보다 더
아득하고 멀기만 하다.

＊벽련碧蓮포구: 서포의 유배지, 노도櫓島가 보이는 남해 앵강만에 있
  는 포구.

노도櫓島에 갔더니

그는 아직도
꿈과 현실 이승과 저승 사이에 구운몽九雲夢을 걸어놓고
역사와 신화를 들이마시고 내뱉으며
남해와 노도를 높은 자리에 올려놓고 있었다

빗줄기 사이로 해가 지는데
사씨남정기謝氏南征記는 서쪽 하늘로 길을 연다
아니다
반야용선이 길을 연다
아홉 마리 용이
서포만필西浦漫筆 고시선古詩選의 오솔길로 물길을 열면
나는 그를 보낼 것이다

죽방렴 원통 속에서도 눈부시게 반짝이는 멸치 갈치 꽁치에, 감생이 돌문어 우렁쉥이를 곁두리로 얹고, 비자나무 함지박 가득, 유자 치자 마늘 고사리를 덤으로 얹어 뒤따라 보낼 것이다.

난생처음 단전호흡으로 숨 고르기 하는 동안
비 그치고
그는 쉰여섯 해를 노을 속에 걸쳐놓고 사라졌다

해 진 지 오래도록 바닷물 붉다

유배지, 찻잎을 따서

안거리 밖거리 모거리 돌아보고 나오는데
숭숭 뚫린 돌담장 어깨에 맞추어서
차나무 새순이 울타리를 치고 있다

여린 찻잎 몇 잎 따서 맛을 보는데
세한도 한 폭이 눈앞에 어른거려
한 움큼 다시 따서 주머니에 넣는다

이어도 맑은 물로 정갈하게 씻어서
오월 어린 바닷바람 두어 섬 함께 섞어
쪄서 비비고 덖어 비비며
어르고 달래서 빚어 우린 증제차를
심호흡 크게 하고 두 손으로 받쳐 드니
연초록 새 한 마리 이쁜 혀를 내민다

초의선사 제다법 흉내 낸 초의차를
달빛 마주하고 한 사발 들이켜니
천개 붓, 벼루 열 개 바닥내신 그분이
몽그라진 붓을 들고 홀연히 나타나서
또 한 장의 세한도를 내 마음에 그리신다

DMZ 붉은토끼풀

고단한 머리카락 밑뿌리에 숨기고
서로의 가슴에 총칼 겨눈 채
눈물에 젖어 지낸 70년

포연탄우砲煙彈雨 1127일 까맣게 잊고
철조망과 철조망
지뢰밭에 내려앉는 초가을 햇볕
무심히 받아 어루만지는
고마리 쑥부쟁이 너머 너머로
조심히 지나는 바람 한 줄기

3중으로 둘러친 155마일 철책
삭아 내린 비목 사이로
먼 데서 굴러온 붉은토끼풀
옹기종기 모여 앉아 꽃을 피운다

토종 꽃 밀어내고 염치도 없이
저리도 당당하게
윤나고 탐스럽게 붉은 꽃을 피운다

다호리茶戸里*

오래전, 원삼국시대부터
찻잎을 따서

달빛 아래
별빛 아래 둘러앉아
따스한 마음 나눠 마셨던

무시로 돋아나는 탐·진·치
칠기부채로 날려 보내고

일간이필一筆二筆로 먹을 찍어
마음 길 삶의 길을 그렸던

여기는, 그 옛날 변한弁韓땅
한반도 붓글씨의 시작을 증명하는

*다호리: 가야국시대, 죽로차 시배지로 기록되어 있다.

그때 그 물빛
—진주남강 유등축제

물이 불을 다스리는 것을

꽃잎이 칼끝을 무디게 하는 것을

침묵이 함성을 잠재우는 것을

임진년 그때 그 물빛이

400년이 넘도록

증언하고 있었네

부채꼴 주상절리*

누가 저 푸른 바다에
오각 육각의 장작을 가지런히 쌓아 놓았나
백두산 천지를 얌전하게 옮겨놓고
여인의 주름치마로 울타리를 쳐 놓았나

가뭄에 논바닥 갈라지듯
쩍쩍 깊게 파인 메마른 마음
활활 타지 못한 사랑을
검은 해국으로 부채질하여
동해의 꽃으로 피워놓았나

누가 저 푸른 바다에

*부채꼴 주상절리: 경주시 양남면 읍천리 바닷가 소재.

立春, 당신

  함박눈으로 몸 바꾼 목화, 구상나무 가지에 살포시 내려앉은 오솔길 사뿐사뿐 걸어오셨나요?
  얼음장 밑에서 옹알이하는 여린 물소리 들으며 누구도 원망 않는 물길을 태연히 걸어오셨나요?

  곳곳에서 새 생명의 숨소리 들으셨겠습니다. 얼마나 따습고 정겨운 소리던가요? 얼마나 아름다운 아픔의 노랫소리던가요?
  기쁨이 더 큰 기쁨 되고 슬픔 또한 기쁨 되어 따순 입김이 굳은 땅을 녹이며 잠꾸러기들을 깨우지는 않던가요?

  산수유 나뭇가지를 흔들어 꽃눈을 세우고 잔치 준비를 하라 하셨는지요?
  갈기 휘날리는 진펄이새 자욱한 언덕을 지나 마지막 기승을 부리는 모진 한파도 그대 입김 속으로 빨려 들어가 버렸으니, 색색의 물감을 준비하라 하셨는지요?

＞

　수액을 밀어 올리는 고로쇠나무 펌프질 소리에 장단 맞춰 굳은 땅이 몸을 풀기 시작하던가요? 층층나무 사다리 삼아 서어나무 물푸레나무 사이에 무지개다리를 걸어두셨겠지요?

　세상이 궁금해서 가슴이 쿵쾅쿵쾅 울리고, 몸이 근질근질한 새봄 앞둔 꽃씨들의, 성가신 부탁도 다 들어주고 오신 당신, 참 수고하셨어요.

　당신처럼 잔손이 드는 일도 흔쾌히 해줄 수 있는 너그러움이 있었으면 참 좋겠어요. 단 한 사람에게라도 그렇게 했으면 정말 좋겠습니다.

―2010년

제2부

제4시집
《햇빛소나기 달빛반야》

2009년 7월·문학아카데미

달빛반야

소나무 가지에 걸린 달빛으로
정갈한 옷 한 벌 지어
숨 멎을 듯 그리울 때,
마음이 그대에게 가자고 할 때마다
꺼내 입으리

그 마음길,
댓잎에 사운대는 바람 소리
산짐승 울음소리 발자국 소리는 물론
풀벌레의 숨소리까지 고이 싸서
아스라한 하늘 저쪽
아득한 하늘 길에 던져두리

저 옷 한 벌,
추운 이들
바라만 보아도 참으로 따뜻해지리

늦은 저녁이 달다

늦은 저녁
현관 앞 초코허브
눈빛 향기롭다

고마워서,
숱이 많은 머리를 어루만지며
귓불을 살짝 건드렸을 뿐인데
그 아이,
가진 향기를 몽땅, 내 손에 건네준다
그 손으로 먹는 늦은 저녁이
달다

그래그래, 오늘은 네가
고단한 내 하루를 온전히 받아들이는
말랑말랑한 스펀지다
칠흑의 어둠을 뚫고 나온 협궤열차의 기적 소리다
정성껏 등피를 닦고 심지를 갈아 끼운 램프 불빛이다

달다, 혼자 먹는 늦은 저녁밥

햇빛소나기, 청령포

절벽과 물로 사방이 막힌 이곳에 와서
그때 그 어린 임금처럼 갇혀
옴짝달싹 못하는 나를 보았어요

나무계단 돌계단 간신히 올라
천 길 낭떠러지 앞에 발 돋우고 서서
서강 물빛 속으로
빨려 들어가는 햇빛소나기를 보았어요

그 속으로 빨려 들어가는 내 몸뚱이
그 몸뚱이의 살과 피를 보았어요
그 물빛 감옥 속에 나를 버리고서야

관음송 맨 꼭대기 연약한 가지 끝에
자울자울 졸던 가을 햇살이
잠시, 아주 잠시, 아직도 낭떠러지에 서 있는
내 마음속으로 쑤욱 들어가
집 한 채 짓는 것을 보았어요

>
아주 잠깐
또 다른 적막의 집 한 채를 보았어요

아, 적멸보궁이었어요

청령포, 관음송

어린 임금이 있었다지요? 억울하게 왕좌에서 쫓겨난 어린 왕이 속내를 다 털어놓지도 못하고 소리 없이 울기도 하였다지요?

그럴 때마다 풀섶의 방아깨비며 쐐기풀이며 물봉선이 납작 엎드려 숨죽여 흐느꼈다지요? 강가의 자갈돌들도 스스로 몸을 굴려 큰 소리로 울어주었다지요?

그 울음소리 다 듣고도 못 들은 척, 세상의 온갖 소문 다 듣고도 못 들은 척, 다 보고도 못 본 척한 나무가 있었다지요? 그 나무를 관음송이라 불렀다지요?

남몰래, 온갖 투정 다 받아주고, 눈물 콧물 닦아주고, 까마중이처럼 새까맣게 타버린 마음 어루만져주고, 들썩이는 어깨를 껴안고 등 다독이며, 함께 울어주었던 나무 또한, 관음송이었다지요?

>

외롭고 허기진 나, 옹이 지고 응어리진 내 마음을, 그 어린 임금처럼 다독거려주는, 담쏙 안아 올려 둥개둥개 무등 태워 주는, 저기,

저 나무 역시 관음송이라 한다지요?

* 난고 김병연(김삿갓) 탄생 200주년 기념, 대한민국시인대회(2007년 10월 6~7일) 참석.

빈센트 반 고흐

노란 은행잎이 쏟아지네
(그의 귀가 떨어지네)

그의 귀가 수북이 쌓여 있네
(내 귀가 그 위에 얌전히 내려앉네)

노랑나비들이 해바라기 밭으로 날아가네
(내 귀도 신이 나서 뒤따라가네)

하늘이 마구 흔들리네
(내 마음 송두리째 흔들어 놓네)

석 류

곡차 한 사발에
구름과 바람을 잘 비벼
마시고

*(허물이 벗겨진
가을 하늘을 향해)*

파안대소破顔大笑하고 있다

낮술도 저쯤 되면
품격이 절로 높다

엉겅퀴꽃

저 무덤 가
웬 피, 저리 붉으냐

골 깊고
고요 깊은 산수유마을
내 마음 문득, 물소리 딛고
고요를 딛고
그 속에서 참으로 오랜만에
행복해지려는데

소리 없이 우는 사람
왜 저리 많으냐
그 울음
왜 저리 붉고
아름다우냐

선운사 동백

복분자술에 취해
깊은 잠에 빠졌는지

설법 듣다
선정에 들었는지

미진 속에서도
법륜을 굴리는지

잎을 쓰다듬고
가지를 흔들어도

묵묵부답이다

(꼬불꼬불한 산길 한참을 걸어
보물 1200호, 선운사 마애불께
108번 문안 여쭈고 왔는데도)

좀체 얼굴을 보여주지 않는다
끝내 마음을 열어주지 않는다

후일煦日

햇볕 밝습니다
참 밝습니다

대웅전 뜰
고요하고
고요합니다

법고 범종 목어 운판
처마 끝의 풍경風磬도
소리를 내려놓지 못합니다

산제비나비 애기세줄나비 물잠자리……
누구도 감히
그림자를 그리지 못합니다

나는, 겨자씨보다 작은 창을
살며시 열고
내다보았습니다

\>
천상과 지상이 모두 환합니다
내 배꼽이 따뜻해집니다

라벤더 향기

어쩌자고 햇살은 이리도 따스하고
어쩌자고 풀꽃들은 제멋대로 피어나
논두렁 밭고랑에
붉고 푸른 마음을
형형색색으로 풀어놓는가
겁도 없이
아름다운 자태를 마음껏 펼쳐놓는가

자운영 꽃길 밟고 오는 바람 소리에도
어여쁜 그리움 가득 묻어나는데
어쩌자고 이 나라엔
꽃을 꽃이라 하고
새를 새라 하면
죄가 되는가

흰 것을 희다
검은 것을 검다 하면
더 큰 죄가 되는가

>
어쩌자고
어쩌자고

―2001년

수타 니파타 sutta-nipata를 다시 읽으며

선택하지 않은 것도 선택이라 했던
사르트르를 생각하다
그대에게 편지를 쓴다
오래전 시월 어느 날
은행잎이 깔아놓은 샛노란 융단 길은
윤슬처럼 반짝였다.

수타 니파타를 다시 읽으며
실화상봉수實花相逢樹 꽃잎을 따서
따신물에 그 마음 우려 마시며
다시 그대에게 편지를 쓴다
오래전 시월 어느 날, 그대와 마시던
아이리시커피의 푸른 불꽃은 신비로웠다.

비행접시처럼 날아오르던 푸른 불꽃,
부처님의 광배光背처럼 따습게 빛나던 불꽃,
다시 이 가을,
혼자 앉아 편지를 쓴다
연화대의 촛불을 무소의 뿔처럼 이고 가는
그대만 읽을 수 없는 길고 긴 편지를 쓴다.

봄눈〔春雪〕

봄눈 내리는 날
지리산智異山에 가보라

혹, 귀 밝고 눈 밝은 사람이라면
깊고 낮은 골짜기 오르내리며
물감주머니를 매달고 있는
아기부처님 발자국 소리
들을 수 있으리

마른 나뭇가지들이
남쪽으로 남쪽으로
기지개 켜는 것을 볼 수 있으리

귀비고 貴妃庫

연오랑 세오녀가 아니더라도
동해바다, 영일현 호랑이꼬리 밟고 서서
푸르디푸른 물살 헤치고 솟아오르는
붉은 해를 마시고 싶다

해와 달이 빛을 잃어
천지를 분간키 어려울 만큼
사는 일 고단코 힘들 때마다
파도에 휩쓸려 섬이 된
연오랑 하나쯤 바다 깊숙이 묻어두고
긴 기다림의 언어들을
건져 올리고 싶다

그리운 사람
가슴에 새기며
한 땀 한 땀 색실로 수놓듯
결 고운 비단을 짜서
내 마음의 귀비고에 은밀히 숨겨두고

\>

해달못에 달 뜨는 밤마다

국보처럼 귀히

조심조심 꺼내보고 싶다

동백은 잘 자랐더냐

옹기종기 모여 앉아
붉은 꽃망울을 다복다복 수놓고 있었습니다
조촐하고 단아함 속에서 품어내는 숨은 향기는
화엄의 입구를 환히 밝히고 있었습니다

치맛자락에
그리움 한없이 풀어
매화를 그리고 새를 그리던 사람과
소곤소곤 정담 나누며
함박눈 두텁게 껴입고
강진 백련사 가는 길

마음으로만 마신
작설차雀舌茶 한 잔
참 따뜻하고 향기롭습니다

연어처럼, 은어처럼

　안정사 계곡에 마음을 풀었을 때 어디서 딱새 한 마리 홀연히 나타나서 날렵한 몸짓으로 해탈교를 건너갔습니다 그리고는 끝내 돌아오지 않았습니다

　나의 사랑, 나의 그리움도 저 딱새처럼 혹은 저 계곡물처럼 아득히 흘러가서 끝내 돌아오지 않을지도 모릅니다 대웅전 섬돌 밑에서 잠시 잠깐 묵례를 주고받는 관광객처럼 그렇게 잠시 눈 맞추고 돌아가서는 서로의 안부를 궁금해하지 않을지도 모릅니다

　그러나 그대여 나는 알고 있습니다 아득히 흘러간 물이 다시는 되돌아오지 않는다 해도 그 물살 헤치며 목숨 걸고 돌아오는 연어나 은어 떼가 있다는 것을

　나는 오늘, 조선소나무 울창한 이 계곡에 기쁜 마음으로 그리움을 풀어놓습니다 쑥부쟁이 밭에 숨겨 놓았던 밀어들도 꺼내 놓습니다

　통영시 광도면 안정리 1888번지 안정사에서 몸과 마음이 잠시 가벼워졌습니다

현호색

다정했던 사람들이 마음을 밟고 떠나간 그 후 또 누가 마음을 짓밟고 가지는 않을까 영문도 모른 채 죄명도 모른 채 세상 밖으로 내몰리지는 않을까

마음 졸였네.

따스한 봄날 가야산 해인사 대적광전 비로자나불께 정성을 다해 백팔 배를 올리고 홍제암 물소리를 따라 혼자 걸어오는데 물푸레나무 아래 낙엽을 뒤집어쓴 현호색이 파아랗게 질린 얼굴을 내미네

두려움에 떨고 있네.

애야 두려워 말아라. 외로움이 오히려 이불처럼 포근해지고 잠옷처럼 편안해지면 애기현호색 빗살현호색 댓잎현호색 왜현호색들이 바람의 등을 타고 찾아올 것이니 큰멋쟁이나비 작은멋쟁이나비들이 도시처녀나비 산제비나비들과 손에 손을 잡고 주머니 가득 기쁨을 담아 찾아올 것이니……

파란 풍경 속의 부부
—샤갈Marc Chagall

그가 붓을 들 때마다
먼 곳의 불빛이 쏜살같이 달려오고
어두웠던 마음이 환하게 밝아지고

그가 물감을 찍을 때마다
정원의 꽃들은 웃음보를 터트리며
호랑나비가 되네 부전나비가 되네
향기를 품어내어
살갑고 따사로운 노래에 날개를 다네

서로의 이름을 부르지 않아도
개울의 조약돌은 빛나는 구슬이 되고
바닷가의 모래알은 보석이 되네

언제나 빛나는 푸른 몸이 되네

파란 풍경 속의 부부
샤갈과 벨라는 연리지가 되어 무지개다리를 놓네

—2006년

내원사 계곡

늦은 저녁답
내원사 계곡에 몸을 푼다
저녁예불을 막 끝낸 멧새 한 쌍
가벼운 날갯짓으로
반야교 건너, 해탈교 지나
오리나무숲으로 날아간다

붉은색 선명한 단풍잎이
아직도 다리 난간을 붙잡고 있다
드디어 손을 놓고 물 위로 떨어진다
물길 따라
뱅그르르 맴돌더니
젖은 바위 붙잡고 안간힘 쓴다

그래 그런 것이지
사랑이 끝난 뒤에도 사랑의 눈빛으로
남고 싶은 것이지
아니다 아니다 하다가도
다시 마음 깊으면

향기로운 꽃으로 피어나기도 하지

상류 쪽에서
산천어 몸 씻는 소리 요란하다

연곡사燕谷寺 동부도東浮屠

피아골을 쓸고 온 늦가을 장대비
삼홍소의 불길
떠날 때를 놓치고
실없이 요사채 들락거리던 제비도
정교하고 섬세한 팔각 겹처마
기왓골 선명한 동부도 앞에선
걸음을 멈춘다

허방에 빠진 사람들
팔다리가 굳어버린 사람들도
가벼웁게 날아올라
가릉빈가처럼 아름다운 자태로
결 고운 시간의 집을 짓는다

불에도 타지 않고 물에도 젖지 않는
그림자 없는 나무를
번뇌의 불길 속에 옮겨 심어 놓고도
사시사철 만개한 꽃으로 사셨다는
소요逍遙 태능太能 스님도

>
지리산 연곡사, 동부도 앞에 서면
저절로 몸 젖고 마음 젖을 것이니

덕주사 마애불 가다가

한 잎 두 잎 떨어지던 나뭇잎들이
와르르 쏟아져 내린다

이제 막 다다른 햇볕을 월악산 능선에 부려놓고
쯧 쯧 쯧
혀를 차며 저만치 앞서가는 산 그림자 사이로
혼신을 다해
늙고 여윈 소를 끌고 가는
덕주공주와 마의태자의 뒷모습
어렴풋 보인다

"고삐를 놓아라! 놓아버려라!"

손 닿는 곳마다
불길에 덴 나뭇잎들이
계곡 물소리를 따라 곤두박질친다

머잖아,
골골마다 청매화 향기 가득하리라
숨 고르며 기다리기로 한다

그해, 팔월

뜨거운 황토밭에서
팥알, 녹두알이

타악 탁

불꽃의 껍질을 깨고

스스로 쳐놓은 울타리를
뛰어넘고 있었다

꼬이고 뒤틀린 사슬을
뜨겁게 담금질하여
시퍼런 바닷물에 내던지고 있었다

물빛, 반야

2007년 7월,
내서읍 호계리 광려천 가로 세간을 옮긴 후
내 베갯머리엔 온통
바람 소리에 몸 섞는 물소리뿐이다
방방곡곡 폭염경보 내린 날에도
천둥번개 폭우 쏟아지는 호우경보 속에서도
친구의 부음을 유선전화로 듣는 순간에도
바람 소리에 몸 섞고 우는 물소리뿐이다

길고도 슬픈 목을 가까스로 가누고 있는 듯 없는 듯
연잎에 앉는 바람처럼 조심조심 따라온 또 다른 내가
누구의 손도 닿지 않는 곳에 감춰두었던
잘 아문 상처들을 꺼내 놓으며
자분자분 읊조리듯 타이르신다

마음대로 되지 않는 마음 때문이라고
마음대로 되지 않는 물빛 때문이라고
아직도 살 에는, 변방의 겨울바람 때문이라고
어둠과 햇빛과 맞서보라고

우레보다 더 큰소리로 웃어도 보라고……

부지런한 아낙이 일궈놓은 미나리꽝에서
배 불린 왜가리 한 마리
가장 맑은 물소리를 골라 물고 날아간 뒤에도
내 베갯머리엔 온통 물소리뿐이다

묵연이좌 默然而坐

기다리지 마라
기다리지 마라

눈물을 닦아줄게
눈부신 햇빛도 가려줄게
대신 기다려 줄게

노고단의 원추리꽃을 보라
다 떠나보내고도
아름답게 꽃 피우지 않더냐

기다리지 않아도
바람은 방향을 바꾸어
구름을 무등 태워 오지 않더냐
아무도 모르게
가슴 젖도록 안아주지 않더냐

어린 짐승들이
제 털을 핥으며

제 살을 핥으며
비바람 눈보라를 이겨내지 않더냐

창수령을 넘으며

불타고 불타서
더 이상 어쩔 수 없는
가을 산을 등에 업고
나는 지금 대진바다로 가네

눈(雪) 속에서 눈(雪)을 녹여
더 시퍼렇게 날 세우던
사내를 생각하며
그 바다로 가네

나도 칼 꺼내 날 벼리네
잃어버린 말
무딘 말들 다듬고
다듬어

한 번에
살과 피를 발라내어
색색의 잎으로 꽃으로
탐스런 열매 빚을 때까지   —2003년

세심정洗心亭*에서

감히 마음을 꺼낼 수 없네

손도 발도 씻을 수 없네
바람 부는 대로
허리 굽혀 머릴 조아리는
저 갈대처럼
태연하게
아랫도리를 담글 수는 없네

덕천강 자양보의 보름달처럼
고르고 평온한 숨결로
마음을 온전히 꺼낼 수가 없네
발바닥 가득 박혀버린 진흙 자국을
자신 있게 꺼내
말갛게 씻을 수는
더더욱 없네

―1997년 12월 9일

*세심정: 경남 산청군 시천면 덕천서원 앞 덕천강 언덕에 있는 세심정은 '성인이 마음을 깨끗이 씻는다.'라는 주역에서 이름을 따왔으며 남명의 제자 최영경 등이 세웠다.

수승대* 요수정* 쪽마루에 서서

거북바위 등에 솟은 소나무같이 푸르고 청정하게 살고 자 했어라

귀를 활짝 열고 물소리 듣는 물봉선처럼 낯익은 발자국 소리를 기다렸어라

흐르는 물 위에 이름을 쓰듯 흐르는 물에 곱게 빻은 쌀 가루 뿌리듯

간신히 잡고 있던 절벽의 돌부리를 놓아버리듯 그렇게 모두를 놓아버리듯

예리한 칼도 바람은 벨 수 없고 수수꽃다리 향기로워도 그 마음 보여줄 수 없듯

퇴계의 명명시와 요수의 화답시를 구연소 달빛으로 우려 마시며
그렇게 나도, 누군가의 달빛이 되고 싶었어라

—2007년 4월

*수승대搜勝臺: 경남 거창군 위천면 황산리 소재.
*요수정: 요수 신권이 지은 정자.

때로는, 나무

봄바람에 꽃잎이 날리듯
그렇게 날고 싶을 때가 있다
그렇게 아름답게
사라지고 싶을 때가 있다

사랑한다 사랑한다
한없이 속삭여 놓고
아무 일도 없었던 것처럼
돌아서고 싶을 때가 있다
한 번쯤은 누구나
그렇게 떠나고 싶을 때가 있다

가지가 한 뼘씩 빛을 쫓아가면
뿌리는 한 뼘씩 어둠 속을 파고들듯이

관음觀音 찬讚

오늘은 당신께 가는 날
무풍교, 청류교, 세심교 건너, 당신께 갑니다

당신은 이미, 돌부리 뽑아 길 닦아놓고
모롱이마다 향기로운 등燈으로 불 밝혀 놓고도
마지막 갈림길에 서서 손 흔들고 계십니다

나는 당신의 발치에, 누구에게도 할 수 없는 말들을
어지럽게 쏟아 놓습니다
온갖 허물 다 벗어놓고 크고 작은 죄 다 늘어놓고
응석 부리며 떼쓰기도 합니다

그럴 때마다
눈물 콧물 닦아주시며
영원의 모음母音으로 위무해 주시고
흐트러지는 마음 단단히 붙들어 주시어
돌아오는 발걸음 가볍게 하십니다

\>
오늘은 당신께 가는 날
논밭의 두엄 냄새도 향기롭습니다
가는 길이 참 편안합니다

원음 圓音

당신의 말씀은
길짐승 날짐승도 다 알아듣나니

한 번 잠이 들면 천년 동안이나 잠자는
깊은 바다 조개도 다 알아듣고
꿈길에서도 색색의 구슬을 빚나니

아무렇게나 벗어놓은
댓돌 위의 신들도
스스로 몸가짐을 가지런히 하나니

말이 끝난 곳에서 말 없음의 말씀으로
해 뜨고 달 뜨고 별이 뜨고
다시 해가 뜨나니

그 안에서도
생각의 잔가지를 쳐내지 못한 채
가슴이 먼저 달려가지도 못한 채
향기로운 무늬로

오래도록 남고 싶어 하나니

그 안에서
세상 안부를 묻고 싶어 하나니
　　　　　　　—2002년 11월 10일 일요일 영축산

천수관음 千手觀音

"손을, 이~리 주시게!"

물때 앉아 미끄러운 너럭바위를 사뿐히 건너
나룻배에 오르신 큰스님, 손 내미신다
할머니의 자장가 소리보다 더 편안하고 온화하게
손 잡아주신다
날갯짓 서툰 어린 새가 바람의 등에 몸 맡기듯
철부지아이처럼 어둔 갠지스를 건너뛰는
등 뒤에서 한 마디 덧붙이신다

"조~심, 하시게!"

천근 바위를 올려놓은 듯 답답하던 가슴이
거짓말처럼 시원해지고
소용돌이치던 번뇌 망상이
와르르 와르르르
항하恒河의 안개 속으로 쏟아져 내렸다
실바람에도 흔들리던 마음의 곁가지들도
한량없이 크고 보드랍고 따스한

천수관음의 손을 잡고
고른 숨을 쉬며 고요의 숲에 들면
좁고 어둔 길들이
소나기 지나간 하늘처럼 환해졌다
                —2002년 11월 12일 바라나시 갠지스

보드가야의 아침

이 우주 어느 한 곳에
불법이 불법으로 전해지는 동안은
당신을 흠모하는 기도 소리
이어지고 이어지는 동안은
말씀은 말씀으로
빛이 되고 길이 되어
향기로운 무늬로 깊이 음각되리니

해와 달이 빛을 잃어
천지를 분간키 어렵더라도
당신의 말씀만으로도
세상은 환하게 빛날 것이니
튼튼하고 단단한 밝은 길이 열리리니……

오, 성스런 아침이여
보드가야의 아침이여

—2002년 11월 11일 월요일 마하보디대탑

미당 묘소

고추 밭고랑, 복분자 밭두렁을 한참 헤맨 끝에, 길을 여는 국화 냄새를 따라가니, 무성한 잡초 속에서도 삐삐꽃이 하얗게 하늘거리고, 그 사이로 봉긋한 봉분이 서서히 솟아올랐다.

잔을 올리고, 절을 올리고, 시를 낭송하고, 상석 위에 놓인 다과를 음복하고, 추억 한 토막씩 꺼내, 단맛이 나도록, 꼭꼭 씹어 먹고 내려오다 뒤돌아보니, 생전에 일면식도 없었던 내게, 삐삐꽃 앞세워 가까이 오라며 손짓하신다.
캄캄한 지하 단칸방이 갑갑한 모양이시다.

도솔천 물길을 거슬러 올라, 선운사 부처님께 예를 올리고, 단숨에 모양성 왕대나무 밭에서 싱싱한 시 한 수 뽑아 들고, 변산반도의 울퉁불퉁한 산자락과 곰소 갯벌을 훨훨 날아다니다가, 목마르면 풍천장어를 안주 삼아, '막걸리집 여자의 육자배기 가락에' 맞춰, 막걸리 한 사발에 취하고 싶으신가 보다.

다시 뒤돌아보니, 적정寂靜의 순간을 보여 주실 뿐……
—2008년 6월 15일

금 줄

새로 산 항아리를 양지바른 베란다에 놓고
가라앉힌 소금물 붓고
씻어 말린 메주를 띄운다.

그동안, 어머님 담아주신 장으로
국 끓이고 나물 무쳐
도토리 같은 아이들 남편 옆에 앉히고
맛나게 잘도 먹었다.

아들딸 집으로
장을 퍼다 주시던 어머님은
삼십 센티미터나 장을 끊어내시고도
장 걱정으로 잠 못 이루신다.

불에 달군 참숯 넣고 붉은 고추 띄운다.
때깔 곱고 맛깔스런
어머님의 장맛으로 우러나기를
짧아진 장으로도 소임을 다하기를

\>
간절한 맘 모아 왼새끼를 꼰다.
사이사이, 숯 끼우고 고추 끼워
금줄을 친다.

—2003년 봄

노랑어리연꽃

내 젊은 날
한 학년이 한 반뿐인 중학교에서
수학과 가정을 가르치던 때
점심시간 짬 내어 곧잘 걷던 방죽 아래서
조그만 얼굴 살며시 들고
배시시 웃어주던 꽃

어느 해 여름,
남지 오일장,
푸성귀 팔러가던 어린 제자들
낡은 목선과 함께
소용돌이치는 흙탕물 속으로
흔적 없이 몸 숨긴 뒤
긴 머리로 얼굴 가리고
뜨거운 눈물 마구 쏟을 때에도
배시시 웃어주던 꽃

오늘, 그 어린 제자들
베란다 물덤벙

생이가래 사이로 얼굴 내밀고
그때처럼 배시시 웃고 있다

─2003년

안면도에 와서

태안군 고암면, 낯선 사람뿐인 안면도에 와서
친구의 부음을 전화로 듣는다

간밤 유난히 바람 불더니
날이 새도록 마른번개 치더니
청록의 집 나무기둥을 타고 활짝 웃던 능소화
정갈한 모습 그대로 사뿐사뿐 날아가더니
아름다운 별 하나
너무 쉽게 떨어져 갯벌 속으로 빠지고
뻘밭에는 소금꽃만 하얗게 쌓이더니

배롱나무 꽃그늘에 선 그녀
내밀던 손
마지막 온기溫氣
내 손 아직, 따뜻한데……

까나리액젓과 송진 냄새가
혼자 서성이는 나를 따라오네
솔밭 사이로

서해바다가 살금살금 따라오네
참나리꽃 도라지꽃, 영문 모른 채 뒤따라오네

방 죽

어린 칠성무당벌레 옆에 앉히고
방죽에서 풀꾹새 운다
풀꾹 풀꾹 서럽게 운다

아직 때가 아닌데
참꽃이 지고 개꽃이 흐드러질 때쯤 울어야
앞 뒷산 나무들이 함께 울어줄 터인데
아래 윗담 씀바귀도 허리가 휘도록 울어줄 터인데
보리깜부기처럼 까맣게 몸이 타도록 울어줄 터인데

눈 감고 가만가만 들으면
보리깜부기로 허기를 때우고
개울물로 배를 채우고도 배시시 웃던
너울가지 좋던 내 친구 분순이

양지바른 방죽에 엎드려 쑥 캐다
눈 깜짝할 사이에
짙푸른 저수지 물빛 속으로 숨어버린 뒤
정신 놓은 그 어미 아득한 울음처럼

\>
푼쏜 푼순, 분순 분순
목이 메어 운다
발치에 엎드린 어린 무당벌레도
깜부기 가시 목에 걸렸는지 파들파들거린다

—2007년 2월

숙모님은 꽃잎처럼

아카시아 꽃그늘 아래
꽃가마를 내려놓고

꽃잎처럼 가벼이
사뿐히 걸어가셨다

한 번도 뒤돌아보지 않고
그렇게 떠나가셨다

뒤에 남은 피붙이들이
무르팍을 꺾을 때마다

소나무도 대나무도
몸을 납작 엎드리고

먼 산의 풀꾹새들도
함께 목이 쉬었다

—2000년

목리木理

바람이 지날 때마다 강물이 흔들렸듯
역사는 크고 작게 그렇게 흘러갔지만
숨이 찬 고빗길에도
꽃은 피고 꽃은 피고

무수한 비바람 살을 에는 한파에도
새소리 바람 소리 고운 결로 녹아내려
물무늬 함박꽃무늬
정갈하게 수놓아

어느 소목장의 날렵한 손끝에서
반닫이 사방탁자 장롱 문갑 소반 되듯
내 삶의 여울목마다
목리木理를 짜고 싶다

청련암淸蓮庵* 풍경 소리

청련암 풍경 소리 유난히 맑고 고와
침엽수도 활엽수도 신비롭게 푸르러져
산문山門 밖 멀리에서도
고운 님이 오고 있다

연화산蓮花山 골골마다 옥천玉泉이 솟아올라
구린내도 비린내도 청옥같이 씻어내어
긁히고 찍힌 자리마다
새잎이 돋아난다

청아한 풍경 소리 오래오래 마셨으니
내 몸에도 초록물이 윤나게 배어들까
오늘 밤, 내 상처에도
새살이 돋아날까

*청련암: 경남 고성군 소재. 옥천사 산내 암자.

병산서원

누구나 마음 한 곳엔
맑은 하늘 하나 있다

번개와 우레에도
꿈쩍 않는 산도 있다

어둔 밤
홀로 밝히는
그런 촛불 하나 있다

봄바람은 푸른 절벽을
부드럽게 감아 안고

강물은 소리 죽여
병산을 감아 돌아

내 맘속
갈림길마다
환하게 밝혀 준다

제3부

제3시집
《자귀꽃 세상》
—
1997년 10월 · 문학아카데미

수없이 손을 비벼 몸을 데우고

흩어지는 말들을 모아
살을 붙이고 옷을 입히면
한 폭의 그림이 된다
구름바다 떠다니는 초승달이 된다
산호초가 되었다가 진주조개가 되었다가
백자항아리에 꽂힌
청미래덩굴이 된다
펄펄 달아오른 용광로 불길로 솟았다가
날카롭게 내리꽂히는 비수가 된다

나는 푸른 이끼옷 한 벌 얻기 위해
안개로 몸을 덮고
비바람도 즐거이 마중 가는 바위가 된다
수없이 손을 비벼 몸을 데우고
그들의 심장에 태엽을 감아 준다
살아 움직이는 그림이 되어
제 크기의 슬픔과 비밀을
은은한 향기로 빚어낼 때까지.

삐삐*꽃

봉분이 삭아 내린 무덤 위에서
역사가 남긴 상처 위에서
굶주린
무명 저고리 도련 끝에서

이 땅의 울분을 통째로 씹어먹고

함께 몸을 흔들면서
같이 흔들리면서
태산이 굴러와도 꿈쩍 않는
영혼을 지녔더라

이 땅의 어머니.

＊삐삐: 띠의 어린싹인 '삘기'의 경상도 토박이말.

할미새

할미새는 시를 모른다
시를 몰라도 그리움을 안다

그리움을 아는 것은 시다
영혼이 맑게 우는 것은 시다
천둥 번개에도 흔들리지 않는 사랑이다

노랑할미새의 울음을 보던 날
달맞이꽃을 생각한다
달맞이꽃이, 칠레의 환페르난세스 섬을 그리워하듯
가브리엘 미스트랄이나 파블로 네루다를 그리워한다

달맞이꽃의 서원이
달에 닿아 별에 닿아
서로의 눈물을 나눠 마시며
월견초나 월하향, 혹은 야래향이란 또 다른 이름으로
정겨웁게 서로를 부르듯
채송화꽃이, 쬐그만 씨앗으로 이땅에 와서
색색의 꽃잎으로 기쁨을 나눠 주듯

눈물은 내 삶을 든든한 뿌리로 자라게 한다
절망을 먹고도 무럭무럭 자랄 수 있다면
절망은 더없는 자양이 된다

절망의 절망에게 할미새를 보낸다
지구 반대편 누군가에게도
노랑할미새나 알락할미새를 날려 보낸다
그리움을 아는 것이 시가 되는 밤.

안민고개
―스테파노에게

등짐이 무거운 사람들이여
지쳤다는 말을
아무에게도 할 수 없을 때
안민고개에 올라보라

사는 일에 자꾸 구역질이 나고
입이 쓰고 목이 마를 때
먼지 풀풀 날리는 비포장도로에
오장을 꺼내놓고
비린내를 말려보라

산비알에 모여 놀던 바람이
잽싸게 달려와
가쁜 숨결로 토해내는 삶의 구린내를
행암 앞바다 물빛같이
깨끗이 쓸어내고 닦아내고
따뜻한 햇살 한줌 펼쳐 줄 것이니
잘 끓인 토장국으로
뼛속까지 개운하게 행궈줄 것이니

\>
등짐이 무거운 사람들이여
안민고개에 올라보라
충무공의 승전 파발처럼 힘이 솟을 것이니.

가을 무학산

합포만 파도 소리를 배음으로 깔고
얕은 산자락엔
낙동구절초를 다소곳이 앉힌다

버혀진 조선소나무 등걸에
갯바람이 걸터앉아
안개약수터, 시루봉 가는 길을 곁눈질한다
제 빛깔을 놓치지 않으려
혼신의 힘으로 버티고 있던 먼 산들
어깨를 감추고
뒤로 물러 자리를 내어준다

산 너머 감천골엔 언제쯤 어둠이 깔릴까
산 너머 어둠은 산을 넘어봐야 알지
서마지기 억새들이 더듬더듬 수군거린다
하늘 저편에 몸 닿지 않아도
그들은 눈이 부시다

>
가을 무학산은
내 마음의 넓이만큼 아름답다
열린 귀만큼 눈부시다.

주논개 생가에서

한 사내를 안고
남강에 몸을 던진 그대가
개나리 진달래 꽃길을 밟고
뒤늦게 생가에 돌아와
열 손가락에 옥지환을 꼈던 손으로
말끔히 마당을 쓸어놓고
윤나게 쪽마루를 닦아놓고
강낭콩꽃보다 더 푸른 강물 소리를 듣고 있다

그 강물 소리로
사월 나뭇잎들을 번쩍번쩍 빛나게 들어 올리고
마시기만 하면
누구나 취해 버리는 향기를
만리 밖까지 흩날리고 있다

나는,
오늘 하루 들이 되어
가장 넓고 편안한 곳에
그대를 누인다.

고산 산부추
—와룡산 시편·1

나는 오늘 네 곁에 앉아
돌벽에 마음을 부빈다

바람 속의 세상
꺾이지 않고 사는 법

바람 밖의 세상
눈물 없이 바라보는 법을 배운다

네 깊은 눈 속에서
허물어지지 않는 법을 배운다.

꽃 등
―와룡산 시편 · 2

삶의 돌무더기를 비껴
소나무 사잇길을 오른다
기암절벽을 오르며
낭떠러지 아래로
내가 묶은 끈들을 풀어준다

능선마다 봉우리마다
저마다의 불빛으로 찬란하다
산수유 꽃등을 켜들고 있는 사람
고산 산부추의 눈물로 눈을 씻는 사람
이팝나무 가지로 귀를 후비는 사람
산에 오른 사람들은 모두
오늘 하루 등이 따뜻하다

오르는 길은 달랐어도
한 곳에서 다시 만나
꽃등을 켜는 사람들 곁에 서서
내 꿈의 등불 하나
조심스레 켜본다.

희망을 가져본다
―와룡산 시편 · 5

중턱에서는 오르기도 내리기도 숨이 차다
쳐다보아도 아득하고 내려다보아도 천길 벼랑이다

날다람쥐 한 마리
오리나무 가지를 오르내린다
이 짐승은 무엇을 찾고 있는 것일까
별이 뚝뚝 떨어져 알알이 박힌 산머루일까
여름 내내 밀어 올린 비로용담 꽃술일까
오늘 내가, 소나무와 잡목 사이에서 본
뼈를 다친 나무들의 흔들림일까
돌 틈, 틈틈 뿌리 내린
그 뿌리를 받들고 밀어올리는 초록일까

잡목 사이로 마을이 저문다
넓은잎들은 넓은잎들과 가슴을 부빈다
늘푸른나무와 상수리나무가 등을 기댄 비탈길
도토리를 문 다람쥐가 사라진다
그쪽 어디 물소리 들린다
내 마음이 소리를 따라간다
펑펑 솟구치는 샘이 있으리라
희망을 가져본다.

폐 선
―와룡산 시편·6

폐선 하나
모래밭에 엎드려 있다

떠나간 사람
떠나보낸 사람들이
쏟아지는 별빛처럼 반짝이며 돌아오리라
기다리고 있다

신심이 두터우면
바람 소리로도 탑을 세우고
움직이는 모든 것을 일시에 정지시켜
영롱한 구슬을 빚을 수도 있으리라
기도하고 있다

섬과 섬 사이로
수억의 별들이 무너져 내린다
틈틈이 물새 울음소리 들린다
내 안의 작은 바위섬에서도 물새가 울고 있다
하늘을 향해 기도하고 있다

〉
마음이 있는 곳에
사랑이 있을지니.

봄 동화

마음이 몹시 부대끼는 날
어머님은 맷돌을 돌리셨다
노란 콩이 반쪽으로 갈라지고
곱디고운 가루가 될 때까지
아무 말씀도 않으시고 맷돌을 돌리셨다
때때로 매화나무 가지에 까치가 와서 울고
먼 데선 쑥국새 소리도 간간이 들렸다

할아버지 글 읽는 소리
사랑채 문풍지를 빠져나와
솟을대문을 열고
팔작지붕 위로 훌쩍 날아
봄 하늘 송홧가루같이 창공을 날아오르면
어머니는 옥양목 앞치마에 이마를 닦으시고
참나무 숯불을 발갛게 피워
놋쇠 주전자에 찻물을 끓이셨다
마음이 맑아지는, 향기로운 찻물로
어둡고 비좁은 내 방을 가득 채워 주셨다

\>
어버이날 아침
작설차 한 잔 정성 들여 끓여놓고
찻잔을 들여다본다
주름진 어머니의 얼굴 위에
일흔의 나이테가 색색으로 그려진다.

겨울 동화

귀가 얼얼한 날
어머니는 새벽밥을 짓는 아궁이에
차돌멩이 두 개를 데워
창호지에 싸주시곤 하셨다
나는 그것을 무명장갑을 낀 양손에 나눠지고
주머니 깊숙이 손을 찔러 넣었다

시오리 등굣길은
언제나 뜀박질로 시작되었다
나룻배가 있는 산모롱이를 돌 때면
강바람이 몹시 찼다
귀가 떨어져 나간다고 울먹이는
아랫집 순이의 두 귀를
두 손으로 감싸쥐고
코에 코를 맞대고 비벼주면
순이는
동산에 떠오르는 아침 해처럼
발그레 웃었다

\>

오늘처럼 귀가 얼얼하게 추운 날
매운 바람 소리는 창밖에 세워두고
순이나 분이의 손안에도 쏘옥 안기던
내 어머니의 차돌멩이같이
누구나의 마음에도 쏘옥 안기는
따뜻하고 정겨운 시詩를 쓰고 싶다.

작은 행복

인의동 종점에서 버스를 탄다
누군가의 체온이 남아 있는
의자에 앉으면서
이 치운 날에 이게 무슨 덤이냐고
온기를 남겨준 사람에게
작은 기도로 고마움을 보낸다

내가 내리고 난 뒤에도
또 누군가가 따뜻해지고
기분이 좋아지고
오늘은 재수가 좋겠구나
무슨 좋은 일이 있겠구나
가슴 설레는 사람을 위해
따순 햇살로 부적을 그려
내 마음도 함께 싸서
조심스레 남긴다

뜻밖에 마음이 따뜻해진다.

심경 心經

산사를 끼고 흐르는 물소리

차디찬 물에
손을 씻고
눈을 씻는다
마음도 씻어
독경 소리 위에 얹어 놓고
두 손을 모아 다시 한 번
손을 씻고
눈을 씻는다

산사를 끼고 흐르는 물소리
산새들이 물어 나르는 소리
참으로 청아하다

맑은 눈은
허튼소리를 막아준다.

보현사*에서

저 고요를
마음속에 퍼담아 본다

아득한 벼랑 위에
한 무더기 산나리꽃으로 피어
흔들리는
그 어디에도 닿지 못하는 마음아

기다려라
네 죄를 몽땅 부려 놓고
기쁨도 슬픔도 다 맡겨 놓고
기다려라

사리 몇 알이 길을 내며
어둠을 밝혀줄 때까지.

*보현사: 경남 고성군 상리면 무선리 소재.

불일폭포에서 잠시

길을 잃은 사람이 잠시
길을 잃은 물보라도 잠시
노송과 절벽
구름과 폭포도 잠시
인연을 맺는구나

이 가을 우리는
잘 여문 시간 속에
서로 눈인사를 하고
때로는 손을 잡고 등을 기대고
잠시 인연을 맺는구나

모로 누워도 뒤집어 누워도
우주의 중심이 되고자 하는구나
하나가 되어
또 다른 시작이 되고자 하는구나.

운주사에서
―원은희 시인에게

오늘은 이곳에 머물기로 하네
마음이 아름다운 사람들이
따뜻한 미소로 반겨주는
이쁜 손길에 머물기로 하네

믿음과 믿음
서원과 서원으로 탑을 쌓아
저 먼 별에까지 닿고자 했던,
천불 천탑으로 징검다리를 놓아
미륵의 나라로 가고자 했던,
이름 없는 민초들이
한 단 한 단 소망을 쌓아올린 이곳에
머물기로 하네

저 탑을 딛고 가면
등 돌리고 돌아서는 마음밭마다
바라밀의 꽃씨를 뿌릴 수 있으리
그리하여 마침내 불국토에 닿을 수 있으리

＞

나 오늘 이곳에 머물러

돌에서 자고 돌에서 깨어나고 싶네.

자귀꽃 세상
―의림사*

누군가 먼 길 가고 있다

한세상 인연을
자귀꽃으로 남겨두고
순금으로 묻어나는 햇살로 남겨두고
휴가를 끝내고 돌아가고 있다

지장보살 지장보살
지장보살지장보살지장보살지장보살
매미도 쓰르라미도
남방노랑나비도
삼층석탑을 돌고 돌아
지장각 추녀 끝을 오르내린다
대웅전 용마루를 지날 때에는
잠시 돌아보고 손을 흔든다

나도 모르게 옷깃 스쳤을 그에게
먼 길 평안하시란 기원 담아
삼배를 올린다

내 돌아가는 날
나도 무엇을 남길 수 있을까
나에게 물으면서.

*의림사: 경남 마산시 진전면 소재.

작은 날개가 젖는다

실상사 대웅전 처마 끝에는
등푸른 물고기가 매달려 있다
그의 슬픔이 너무나 맑고 고와
자세히 살펴보니
아가미가 움직인다
지느러미도 움직인다
이곳에는 강도 바다도 없는데
쉴새없이 몸을 움직이고 있다
희망을 버리지 못하고 있다

너의 바다는
아무것도 품지 말라고 으름장을 내면서도
시퍼런 가슴을 열고 내려다보는
저 가을 하늘
너는 저 높은 하늘로 날아가서
출렁이는 바다에 몸을 던져라
가냘픈 네 등에 실한 날개 돋아나도록

＞
맑은 하늘 아래 비가 내린다
마주 선 장승이 가을비에 젖는다
천년만년 젖던 그대로 젖는다
나도 돌이 되어 함께 젖는다
아,
내 작은 날개도 젖고 있구나.

바다에 떨어지는 달을 보았다

어둠을 향해
모래를 한 움큼 뿌렸다
엎드려 있던 어둠들이 일제히 일어나
제 살을 껴안고
빛을 품어내기 시작하였다
낮은 곳에서
죄를 태우는 불빛이
아름답다

몸가짐이 반듯한 달이 솟아오른다
커다란 연꽃이 되어
구석구석 빛을 뿌리고 다닌다
미움의 씨줄 미쁨의 날줄 사이를
마음대로 드나들며 적멸보궁을 짓는다

나를 용서 못 하는,
나를 사랑하지 않는 나를
달빛에 물빛에 씻어
시린 발을 덥힐
적멸보궁 한 채 짓기로 하였다.

다솔사 적멸보궁

수수밭 수런거리는 들길을 지나
아름드리 송림 사잇길을 따라
사천군 곤양면 다솔사
적멸보궁 계단을 오른다

신라 지증왕 4년
연기조사가 창건했다는 맞배지붕 중층누각 아래서
어지러운 세상 소리들이
백팔배를 올리고 있다
의상대사 도선국사의 청음으로 몸을 씻고
적멸보궁 풍경 소리 빚어내고 있다

참으로 사랑하는 사람이 내게 있어
모든 일 마다하고 기다리고 있다 해도
적멸보궁 대들보에 오늘을 매어 둔다

만해 스님 앉았다는 쪽마루에 꿇어앉아
눈부신 말씀으로 죽비를 엮어
이승에 벗어 놓은 허물을
말끔히 말끔히 쓸어내고 싶다.

비밀

후박나무 그늘에 마주 앉아
주머니를 뒤집었다.
아무에게도 보여주지 않았던 비밀들이
한꺼번에 와르르 쏟아져 나왔다.

새콤달콤한 것을 골라
정성 들여 껍질을 벗기고 다듬어서
그녀의 입에 넣어 주었더니
눈을 감고 맛을 음미하던 그녀가
애기같이 까르르 웃는다.

그녀 몰래
맵고 쓴 것을 골라
껍질째 입에 넣고
흐르는 콧물을 손등으로 슬쩍 훔친다.
"후박나무 열매는 언제쯤 발갛게 익어
하늘로 향할까?"
하늘을 올려보고 능청을 떨기도 한다.

\>

"햇볕이 와 이리 따갑노?"

그녀는 벌써 눈시울이 붉다.

애기도라지

뒤돌아보지 마
이젠 나랑 같이 살자
말은 그렇게 하면서
나는 자꾸 아버지의 둥근 집을 돌아보았다

추석 성묫길, 몸을 가누지도 못하는 연약한 것이 보라색 고깔을 얌전히 쓰고 선산 발치에 엎드려 있었다. 그 모습이 한없이 가여워서 자꾸 눈시울이 뜨거워지고, 아른아른 지난 날이 아른거려서 조심스레 안고 와서, 제일 크고 예쁜 화분에 옮겨 심고 온갖 정성을 다 쏟았다.

창가에 서성이며
그리움의 실꾸리를 풀어내는 날이 많은 요즘
그 애기도라지는
화분 가득, 희고 예쁜 뿌리를 토실토실 내리고
튼실한 새끼들도 몇 거느리고
바람이 켜는 솔방울 소리를
꽃잎마다 매달고 있다
고운 무늬들을 올망졸망 엮어가며
이 세상에서 가장 편안하고 따뜻한
집을 짓고 있다.

최치원
—화왕산 단풍·1

가야산 홍류동紅流洞 단풍 속으로
증발했다고 하였던 남자
그 남자가 수많은 불새가 되어
홍류동의 불길을 이리로 실어오고 있다

나는 있는 힘을 다하여
내 속에 갇혀 있는 나를
보이지 않는 마음을
가벼웁게 버리고
하늘을 높이 높이 밀어 올리기로 한다

계유년 시월 마지막 날.

달 마
―화왕산 단풍·2

면벽面壁 구년九年

달마는 왜 세포 하나 하나의
파괴를
용·서·할·수·없었을까
푸른빛이 튕겨 나가는 것을 참지 못했을까

가을 화왕산은
같은 이름을 가진 나무들도
각각 다른 이름의 나무들로 보이게 하고
들여다볼 수 없는 색색의 비밀로
불타는 것일까

그늘이 그늘에게 기대고 서서
푸른 물방울들을 퍼 올리는 것일까.

조주趙州를 생각하며

하늘 맑고 바람 소소 부는 날
소문만 듣던 재약산을 오른다
살아남기 위해 잎을 버린 나무
살아남기 위해 잎을 가진 나무 사이로
사라졌다 나타나는 가파른 길을 오른다

저 만치 먼저 간 마음이
고욤나무 그늘에 숨어 있는 몸을 부른다
살아남기 위해 옷을 버린 나무 밑에서
내 몸은 배낭 속의 외투를 꺼내 입을 뿐
부르는 소리를 듣지 못한다

몸 따로 마음 따로 재약산을 오르며
천년 전에 살았다는 조주趙州를 생각한다

몸 따로 마음 따로
'스물네 시간의 부림을 받'는 내게
천년 전의 그가 와서 가만가만 속삭인다
"나는, 스물네 시간을 부릴 수 있다.
그대는, 어느 시간을 묻느냐?"

하느님의 그림, 스위스

백지 한 장을 샀다
접시 가득 물감을 채우고
내 생의 마지막 여백에
싱싱하게 살아 있는 그림을 그리기로 하였다

무슨 색을 제일 먼저 어떻게 칠할까
밑그림은 노랑으로
비취색으로 로체르니 호수를 그린 다음
녹색을 흠뻑 찍어
구상목 한 그루 심어 놓고
조선의 먹을 갈아
융프라우의 만년설을 그린다

능선 어디에서 피리 소리 들린다
한 아름 꽃을 안은 알프스 소녀가
눈 속을 헤매고 있다
눈 속에 파묻혀 눈이 되고 있다

\>
하느님이 그려주신 그림 속에다
내 그리움을 심어놓고
나머지 모든 걸 맡기기로 한다
이듬해,
에델바이스로 눈 뜰 때까지.

—1994년 8월

카타콤베

세상의 모든 길은
로마로 열려 있어
구십사년 내 여름도
로마까지 왔었는데
지하의 카타콤베는
열린 곳이 하나 없네

히브리인의 피가 굳어
역사로 남아 있는
비밀의 문을 열고
땅속 깊이 들어가서
어둡고 비좁은 미로 속에
내 눈물을 감추었네

오직 한 사람
그 사랑을 위해서
목숨 걸고 기도하다
죽임당한 영혼들을
팔월의 로마 하늘로
고이 싸서 안아보네.

만파식적

감은사지에서는
인분 냄새도 향기롭다
대왕암의 갯내음
이견대의 흙내음도 달콤하다

오늘은 행운이 있으리라
낮에는 두 그루
밤에는 한 그루로 보였다는
대나무 뿌리를 찾아 본다

신비의 소리를 껴안고
깊은 잠을 자고 있을
그 소리집을 찾아 본다

이 어지러운 세상
이 부끄럽고 슬픈 세상에
모든 근심 걱정 말끔히 씻어주던
신비의 소리집
만파식적을 찾아 본다.

가장 아름다운 이름으로
—마산여고 개교 80주년에 부쳐

이슬보다 맑은 눈빛으로
가을 하늘을 보게 하시고
백자보다 청아한 목소리로
생명 있는 모든 것을 찬양케 하소서

그대 품에서 자란 모든 이의 어깨 위에
빛나는 날개를 달아 주시고
따순 손이 시린 손을 마주 잡고
높고 험한 산
즐거이 넘게 하시고
온갖 좋은 일들은 그대를 구심점으로
퍼져가게 하소서

내딛는 걸음마다 화목의 꽃씨를 심고
모진 비바람에도 향기로운 꽃을 피워
크고 실한 열매 맺는 대지가 되게 하소서
그리하여
하늘 아래 제일 복된 전당이 되어
세상 곳곳에서

가장 아름다운 이름으로
길이 남게 하소서.

제4부

제2시집
《빙벽 혹은 화엄》
—
1993년 9월 · 문학아카데미

나비의 꿈

얼음은 얼음끼리 몸 비비며
더 단단한 얼음이 된다
불은 불끼리 불을 질러 한 몸이 된다

나는 어둠 속에 갇혀서
영혼의 빛깔을 바꾸어 몸을 만든다
부드럽고 탄력 있는 살을 만들고
희고 단단한 뼈를 세워서
날개를 달고
일곱 색 때깔 고운 줄무늬 길을 날아다닌다

마지막 날개옷을 만들 때까지

빙벽 혹은 화엄

산그늘에 숨어 살던 쑥부쟁이의 웃음소리
빙벽에 달라붙어 있다

눈을 크게 뜬다
눈이 활짝 열린다
하반신이 썩어 시꺼멓게 흐르던 물줄기들
은빛으로 아름다이 갇혀 있다
상처투성이의 위벽들도 비장하게 꿈틀댄다

흰 빛은 모든 빛의 죄를 다 용서하는구나.

산비탈 저쪽에서 쫓겨 온 바람들이
꽝꽝꽝 못을 친다
못을 밟고 올라선다
새 숨소리 손끝에 묻어난다

물이면서 불, 불이면서 물인
이 우주의 먼지 사이로
빙벽에 달라붙는
더 이상 작아질 수 없는
미세한 가루가 된 내 물소리

和 : 더불어 살기
―강대철. 생명(109×50×127)

그가 가리키는 손끝에는
검은 개미 세 마리가 붙어 있다
정상에 올라 왼쪽 하늘을 비웃듯이 바라보는 놈
오른쪽 절벽을 향해 땀을 뻘뻘 흘리며 기어오르는 놈
잘 다듬어진 중앙의 트인 길을 여유 있게 기어가는 놈

그가 가리키는 손끝은 달이 아니라 하늘이었다. 하늘이 아니라 허공이었다. 허공이 아니라 어둠이었다. 어둠이 아니라 사막이었다. 사막의 바오밥나무였다. 바오밥 나뭇잎에 맺힌 아침이슬이었다.

　아니다

단풍나무과에 속하는 고로쇠나무였다. 잎보다 먼저 흰 꽃을 피우는 지리산의 고로쇠나무였다. 바람 없고 비도 없는 경칩날에 받은 그 수액이었다. 수액을 마시는 신경통 환자였다.

　아니다

＞
번개였다 썩은 사과였다
양지 녘에 피어 있는 애기똥풀이었다
캄캄하여라 눈부셔라 따스하여라

세 마리 개미는 더불어 사는
슬픔이자 기쁨이었다

천의 극락과 천의 지옥

내가 가진 가장 깨끗한 살과 뼈로
그물을 엮어
저 하늘에 던진다

그물에 매달린 바람이 내게 묻는다
그물 속에 갇혀 버린 시간이 내게 묻는다
새벽이슬에 몸을 씻은 자갈돌 하나가
눈빛을 반짝이며 내게 묻는다

'하나의 눈동자로 천의 극락과 천의 지옥을 보느냐?'

조각난 번개들이 달려와 내게 말한다
하느님의 목에 걸린 생선뼈 하나가
삐죽이 솟아나와 내게 말한다
귀를 간질이던 죽은 호랑나비의 더듬이도 신이 나서
내게 말한다

발바닥 아래 있는 하늘이 너의 것이다
겨드랑이 밑으로 보이는

더 큰 허공이 너의 것이다

너는 행복하구나

아무도 말하지 않는다

깽깽이풀 한계령풀 모데미풀 쥐오줌풀 금강제비꽃 만병초 섬말나리 백서향 비로용담 솜다리 울릉국화 풍란 노랑무늬붓꽃 …… 사라져가는 우리 꽃의 이름을 따라가다 보니 어느새 나도 이름 모를 들꽃이 되어 그들의 손을 잡고 있었다

연분홍 별사탕을 지천으로 뿌려놓은 섬백리향의 뿌리는 어떤 향기를 마시고 살았는지 말하지 않는다

꽃 속에 다시 황금색의 둥근 꽃잎을 감추고 있는 매발톱꽃은 허공 어디에 꿈의 씨앗을 뿌려 놓았는지, 그 씨앗들은 언제쯤 싹이 트고 꽃이 피는지, 그리운 이름을 가진 얼굴들은 어느 무덤 속에 감춰두었는지 말하지 않는다 이별과 순결이라는 꽃말을 껴안은 채 노랑개상사화는 긴 밤을 등 굽혀 지새는 까닭을 말하지 않는다

>

 어떤 거름종이로 슬픔을 받쳐내면 가을 하늘처럼 격이 높은 푸른빛이 되는지, 그리움의 향기는 어떤 샘물에 우려내야 본래의 제맛이 나는지 아무도 말하지 않는다 나도 말하지 않는다

 기다림의 홀씨 하나 없는 이 몸을 내어줄 뿐……

향긋한 냄새가 난다

"선상님 집에 물 묵으러 갔더니
선상님 방이 냉골 아임니꺼
내일 학쪼 올 때 청솔 한 짐 해올람니더.
막힌 고래 뚫는 데는 청솔 가지가 제일인 기라예"

"선상님 선상님!
요기 좀 보이소
산제비가 선상님을 졸졸 따라다님니더
올해는 아메도 시집갈란 갑심니더."

"선상님 살림방은
와 이리 이뿜니꺼
신접살이 할 때는 아메도 하늘에서 천사가
하강할지도 몰라예
그라문 새신랑이 각시를 못 찾아서 욕볼끼라예"

"선상님 정지에 머루 한 소쿠리 갖다 놨슴니더
아무도 주지 말고
혼자 잡수시이소

묵다 남은 것은 막쇠주를 부어 두이소
그라문 아조, 기찬 머루주가 되는 기라예"

"이거 고추장에 찍어 잡수시이소
씁쌀한 게 마 입맛이 절로 날낍니더
냄새도 그저 그만인 기라예"

내 젊은 날
더덕 같은 손에 더덕 두어 뿌리 받쳐 들고
자취방 봉창을 두드리던 아이
학교 허드렛일을 하고 월사금 없이
공으로 중학교를 다니던 아이
얼어 터진 손등에 글리세린을 발라주면
귓불이 빨개지며 눈물 글썽이던 아이
그 아이 손등처럼 투덜투덜한
더덕 몇 뿌리 사서 가슴에 안아 본다
향긋한 냄새가 난다
그 아이 냄새가 난다

가을 주왕산周王山

나 이제사 알겠네

상처와 상처가 어울리면
깊은 상처가 더 깊은 상처를 끌어안으면
따뜻한 이웃이 되고
정겨운 마을이 되는 것을

절벽을 오르고 오르다
그대로 선혈을 쏟고 마는
담쟁이덩굴 그 붉은 울음 위에
영혼이 맑은 가을 물소리가 머물다 가네
늦가을 햇살 한 줌도 머물다 가네

잘 아문 상처는
여운이 길어 오래 남는 징 소리처럼
따뜻한 노래로 오래오래 남을 수도 있다네

\> 산
　　　첩
　　　　　첩

단풍 단풍 단풍

작은 불씨라도 가진 사람은

이름할 수 없는 그 어느 숲의 나무 이야기를 아시는지요.

어느 날, 무서운 얼굴의 나무지기가 전지가위를 들고 말없이 나무 위로 성큼성큼 걸어 올라갔습니다 그리고는 제일 잘생기고 튼튼한 나뭇가지 하나를 45도 각도로 잘라 내던지더니 윤기 흐르는 크고 싱싱한 잎 뒤에서 말라 죽은 잔가지들을 솎아냈습니다.

땅에 버려져 몇 달이 지나도록 내 귀에는 후두둑 후두둑 꿈을 잘라내는 소리가 들립니다 같이 꺾어진 삭정이들, 바짝 마른 삭정이 속에 갇혀 움직일 수도 없습니다 그가 왜 나를 버렸는지, 그리고 다시 뿌리내리도록 흙 속에 꽂았는지, 그러면서 저 삭정이들로 나를 가두었는지 영문을 모르겠습니다.

＞

  나는 다만, 누군가 가까이에서 성냥불이라도 붙일까 몹시 걱정이 됩니다 작은 불씨라도 가진 사람은 가까이 오지 마십시오 뜨거운 불씨를 가슴에 묻어 둔 사람도 가까이 오지 마십시오 불씨는 불씨라서 마음만 먹으면 언제 어디서 무엇이든 다 태워버리고 맙니다.

  내 나무에 튼튼한 뿌리가 내릴 때까지
  굵은 둥치에 큰 잎이 돋아나 윤기 자르르 흐를 때까지
  많은 이들에게 땀을 식혀줄
  크고 짙은 그림자를 그릴 때까지
  작은 불씨라도 가진 사람은 가까이 오지 마십시오
  뜨거운 불씨를 가슴에 묻어 둔 사람도
  가까이 오지 마십시오.

  이름할 수 없는 그 숲의 나무,
  아직 제대로 보이지도 않는 나무의 기도를
  들어본 적이 있으신지요.

자작나무 숲에서
—중국 기행·1

스스로의 몸이 밝으므로 더불어
모든 것을 밝혀 준다
맺힌 걸 풀고 풀린 걸 다시 맺는다
칡넝쿨이나 다래덩굴들의
근접은 허락하지 않기로 한다

일천구백구십일년 칠월 스무엿새 날
멀리 한반도 남쪽 끝에서
뜨거운 햇볕을 이고 온 여인에게는
선뜻 가슴의 푸른 손수건을 꺼내
흐르는 땀을 닦아 준다

오늘은 나도 한 그루 자작나무가 되어
대낮에도 등불을 켜기로 한다
너구리며 오소리,
여우나 승냥이들이
백두산 가는 길을 막지 못하게
밤중에도 대문을 열어 놓고 길 밝히는
자작나무 숲에
내 이름표를 단 등불 하나
걸어놓기로 한다.

화청지華淸池
―중국 기행·2

아지랑이로 목욕하던 여인
노을빛으로 머리를 말리던 여인
무지개로 화장을 하던 여인
비파 소리로 수놓은 옷을 입던 여인

대형 대리석 벽화 속에서
통통하고 부드러운 살결의 여인이
벗은 몸으로 인사를 한다
구겨진 달러 앞에 술을 따른다

옹이에 옹이가 수없이 박힌 석류나무가
비스듬히 비켜서서 말없이 그 모습 바라보고 있다
연못 위를 떠다니는 물방울들
쓴 소주잔에서 석류 알갱이로 빛나는
그녀의 눈물방울을 내려다본다
그녀의 아픔을 둥글게 둥글게
둥글리고 있다.

*화청지華淸池: 현종과 양귀비의 별장.

진시황릉에 올라
—중국 기행·3

팔자형八子型으로 된 인공의 산에 올라
일렬로 뻗어 있는 높고 거친 산맥을 본다
앞쪽에 펼쳐진 일망무진의 평야를 본다
동서남북 위아래 석류꽃 만발한 과수원을 본다
삼천궁녀의 붉고 붉은 울음을 본다

시황제여!
수백 미터 지하에다
해는 금으로 달은 은으로
바다와 강물은 수은으로 채워놓고
온갖 보석이 꽃 피고 열매 맺는 사계절 속에
새소리 풍악 소리 변함없는데
그래도 부족한 무엇이 있어
밤마다 팔자형의 황릉에 올라
부활초를 찾으라고 소리치는가
초하初夏의 석류꽃을 저리 떨게 하는가

\>

그 호령 아직도 영험이 있어 중국의 안내원은 신들린 듯이
사상 최대의 악명 높은 그대를
영웅으로 위인으로 치켜 세운다

호텔로 돌아가면 제일 먼저 귀부터 씻어야겠다.

진시황 병마용갱兵馬俑坑
—중국 기행·4

서안西安에도 해 뜨고 달이 뜨데

기온이 체온보다 더 높은 날씨에도
갑옷 입고 투구 쓰고 큰칼 찬 병사들
한 방울의 땀도 흘리지 않데
시황제의 호령 소리 땅속 깊이 살아 있어
무더위도 겁에 질려 도망치고 말데

칠천 명의 병사, 육백 필의 말,
육백 대의 전차와 승용차가
땅속에서 명령만 기다리고 있데

얼굴도 표정도 옷차림도 다른, 지하군단 앞에서는
쉰다섯 소수민족 말과 풍습들은
그들의 눈꺼풀에 얼어붙고 말데
내 몸에도 어느새 소름이 돋아나데

\>
완전 무장한 칠천 명의 병사로도
불로초 한 포기 찾아내지 못하고
육백 필의 말과 전차로도 지는 해를 잡지는 못하고 있데

서안西安에도 해 지고 달이 기울데

구름버선을 신고
—중국 기행·6

  낡은 운동화를 신고 복파산 정상을 올랐습니다. 흰색 B.Y.C 양말이 땀으로 젖고 운동화 속에는 물이 고여 질척거렸습니다. 한 걸음 두 걸음 옮길 때마다 사방팔방이 산수화 병풍을 둘러 놓고 반겨 주었습니다.

  정상에 올라 모자가 날리지 않게 고쳐 쓰고 젖은 신발을 벗었습니다. 구름도 나들이를 나왔는지 호랑이며 사자며 봉황들의 무등을 타고 있었습니다. 저 멀리서 푸른 소를 타고 오는 노자의 모습이 보였습니다. 수레를 타고 오는 공자의 모습도 보였습니다. 흰 코끼리를 타고 오는 석가의 모습도 보였습니다.

  그분들은 꽃구름으로 만든 버선을 신고 있었습니다. 나는 얼른 금계 은계의 계수나무 꽃으로 다리를 놓아 드렸습니다.

  금빛 은빛의 꽃무늬가 새겨진 다리 위를 걷는 구름꽃신은 저녁해가 인사를 하자, 볼이 붉은 연꽃 무더기가 되었습니다.

  나도 한 송이 수줍은 연꽃송이가 되어 그 뒤를 따라다녔습니다.

*복파산: 중국 계림에 있는 산.

만어사萬魚寺 시편 · 1

섭씨 30도의 더운 봄을
배낭 가득 쓸어 담고 산을 오른다

수천 년 침묵으로 버텨온
너덜겅을 헤친다
수만 마리의 물고기들이
수만 가지의 몸짓으로 누워
비늘을 번득이고 있다
머리를 뻣뻣하게 들고
하늘을 쳐다보고 있다
그들의 몸을 하나하나 들춰보니
아직도 지느러미가 촉촉이 젖어 있다
"이놈들은 돌아갈 수 있겠구나"
만어사 독경 소리 속에서
누군가 혼잣말을 한다

나도,
찢어진 지느러미를 서둘러 기워 본다

만어사萬魚寺 시편 · 2

만어산 정상에 올랐네

진달래 꽃물결이 너덜을 건너뛰어 달려왔었네
등에 진 윤삼월이 무거웠다 하네
중턱쯤에서, 산도화를 만나
마음을 섞었다 하네
서로 보듬고
한바탕 질펀하게
살풀이도 하였다 하네

솔바람이 맨살을 만지고 가네
내 봄은 어떤 색의 덤으로 와서
얼마나 오래 머물 것인지
어떠한 무늬를 그릴 것인지
어리석은 질문은 않기로 하네

만어사萬魚寺 시편 · 3

흔들리는 대로 마음을 맡겨 두고

멀리서 오는 바람 한 올에도
그대의 살냄새로 출렁이는 봄
얄팍한 돌멩이를 주워
물수제비를 띄워보네
둥글게 퍼져 나가는 물결처럼
내 마음이 그렇게
그대에게로 가고 있었네

미모사

살다 보면
생판 모르는 남자에게라도 안기고 싶은 날이 있습니다
전생에 내 원수거나
내 그리움이거나는 덮어 두고 말입니다

때로는 아무에게나 사랑한다고
말하고 싶은 날이 있습니다
입 밖에 내고 말면
큰일 날 그런 말들도 서슴없이 하고 싶은
그런 날이 있습니다

노랑나비와 아지랑이가 간지럼을 피우는 봄
날아드는 돌팔매도 무섭지 않는
그런 사랑 한 번 하고 싶은 날이 있습니다

그대가 살며시 눈길을 주신다면
이때다 하고 나는
내 몸을 한개 점으로 줄여
그대의 눈 속에 들어갈 것입니다

백양나무 아래 서면

백양나무 그늘에 서면 바다가 보였다
바라만 보던 사람의 얼굴이 늘 그렇게 보였다

백양나무 사이로 올려다본 하늘에는
갑자기 몰려온
먹구름이
한바탕
천둥으로 요동치고 있었다
내가 떠나온 사람들의 슬픔이 그렇게
천둥으로 울고 있었다

한 줄기 번개로 나를 치소서
그리하여 내 죄를 태워 주소서

백양나무 숲 저쪽에서
한 여인이 무릎 꿇고 엎드려
끊어진 끈을 두 손으로 다시 잇고 있었다
다시 이은 끈의 매듭을 쓰다듬고 있었다

누군가 죽비로 내 등을 쳤다

또 하나의 등불

돝섬 너머에서 또 하나의 등불이 켜졌습니다 먼저 와서 기다리던 몇 척의 배들이 일제히 등불을 반짝이며 서서히 어둠을 지우고 있습니다.

죄 있는 자나 죄 없는 자나 따스한 불빛으로 서로의 가슴을 데우고 있습니다 나는 부드러운 비를 들고 검은 구름을 조심조심 쓸어내고 별빛을 가운데로 쓸어 모았습니다. 달무리를 걷어낸 자리에는 풀내 가득한 가을 안개에 젖은 산국 다발을 뿌렸습니다.

또 하나의 등불이 빛나고 있습니다
추위를 몹시 타는 어느 소녀의 눈빛일 것입니다
나는 술잔 가득 그녀의 눈물을 받아 마셨습니다
매운 겨자씨 하나가 목구멍에서 녹아내렸습니다
이슬에 익은 산머루주 맛이었습니다.

더 크고 또렷하게

30년이 지난 지금, 돝섬이 바라보이는 고층아파트 베란다에서 다시 한 번 종이배를 접어 띄웠습니다. 경남 마산시 합포구 월포동 2-147 한성가고파 아파트 401호, 매직으로 주소도 적었습니다.

별들이 하나 둘, 불빛 속으로 모여들고 있습니다
가재, 멍게, 해삼, 바지락들이 무거운 몸을 빠르게 움직이며
모여들고 있습니다.
색깔도 화려한 꽃자리, 노랑꼬리바랭이,
조기, 도미, 가자미들도 지느러미를 흔들면서
모여들고 있습니다.

그들은 오늘 밤
더 크고 또렷하게 주소를 적어
내 마음을 멀리 보낼 것인지
궁리하는 모양입니다.

괭이갈매기에게 물어본다

떠돌이 바람이 떠돌이 귀신들을 데려와
베란다 창문에서 함께 우는 날은
몸이 가렵다.
이유 없이 헤매던 눈보라가
무학산 정상에 내릴까 말까 망설이는 날은
몸이 가렵다.
외항선 고동 소리가 만날재를 향하여
길게 울려 퍼지는 날은 몸이 가렵다.
여우비가 돝섬 주위를 오락가락하는 날은
몸이 가렵다.
뿌리도 잎도 없는 식물이 잘 자라는 모습을
식물원에서 보는 날은
어김없이 몸이 가렵다.

섬은 어둠인가
모든 것이 함께 있는 어둠인가
그 중심은 붉은색을 띠고 있는가
붉은색은 빛이 있는 희망인가

\>
오늘도 나는
합포만을 날으는 괭이갈매기에게
정답을 물어본다.

부끄러워라, 삶이여

부끄러워라

온갖 아름다운 색들을 다 지상으로 보내고
저 혼자 비어 있는
봄 하늘을 보면

진달래 산으로 벚꽃 길로
과수원의 복사꽃에서 장다리 밭으로
부지런히 자리를 옮기며
색색의 소임을 다하는 봄볕에게도
나는
부끄러워라

남자 고등학교 높은 돌담 위에서
그들의 싱싱한 목소리를 먹고 자란 민들레꽃에게도
다정히 손잡고 보도블록 틈새를 비집고 올라온
질경이꽃에게도

\>
미안하다. 미안하다.
머리를 숙이고 싶은
봄날

3층 옥상에서 빨래를 널며
공동묘지 위의 평화
삶과 죽음이 부드럽게 어울리는 흙 속의 봄
부러운 듯 바라보다가

라일락 향기에도 눈시울 뜨거운
이승의 내 삶이여
참으로 부끄러운
빈손이여

합포만 연가

빗줄기 끝을 물고 일제히 날아오른
괭이갈매기 날갯짓을 보아라 보아라
커다란 그물이 되는
합포만을 보아라

그물 속에 갇힌 돝섬
한 마리 고래로구나
고래 등에 떨어지는 하느님의 눈물 속에
그 옛날 합포 물빛이
전설처럼 푸르다

파 장

막걸리 서너 사발 연거푸 퍼 마시고
간고등어 한 손 들고
조선 사내 가고 있다
불콰한 눈빛 속으로
노을빛도 퍼 마신다

혀 꼬부라진 혼잣말로
신경통을 두드리며
흑염소 엉덩이에
발길질도 해대가며
갈라진 손바닥으로
저녁 해를 줍고 있다

파도의 노래

부서져도 아름다운 이 몸을 보라 한다

넘어져도 다시 서는 이 꿈을 보라 한다

힘들면 내게 엎드려
소리 내어 울라 한다

돝섬의 노래

만 번은 더
그대 생각하기로 했었다

또 만 번은 더
그대 생각 않기로 했었다

돌아서 오는 길목을
파도가 길게 누워 길을 막았다

천 번도 더
날 범했다 한다

만 번도 더
날 안았다 한다

파도는 외간 남자가 되어
소리치고 또 소리를 친다

제5부

첫 시집
《너 있는 별》

—

1990년 10월 · 문학아카데미

아지랭이

굳게 닫힌 창을 열고, 내 방에 들어와, 머리를 쓰다듬고, 볼을 비비고, 입술을 포개어 취하게 하더니, 슬그머니 손목 잡아끌고, 봄 들판에 나와

나처럼 가벼이 날아 보아라
나보다 부드러이 살아 보아라

개울에서
풀밭에서
그리고
저
허공에서.

너 있는 별

갈기를 날리며 달리는 너에게
줄 수 있는 것은 아무것도 없다.

너를 보낸다
가거라 가서, 다른 별에 가서
빛처럼 빠르게
먼지보다 가벼이
날며 춤추어라

네 목을 껴안고 부빌 수 없는 밤마다
네 등에 엎드려 잠들 수 없는 밤마다
한 마리 조랑말이 되어
너 있는 별을 바라본다.

서쪽 하늘의
반짝임으로 소식을 보내오는 너에게
은빛 안장을 판화로 새겨
띄운다.

우주선의 비행음이 바람을 자르는 오늘 밤.

미뉴에트

속이 상하면 썩고 말지
썩지 않기 위해서는 어떻게 할까
내장에다 소금을 뿌릴까

썩지 않기 위하여 소금을 뿌릴 수도
내장을 버릴 수도 있는
너는 좋겠다
간고등어

나는 어쩐다?
기원전 빙하기의 겨울로 돌아가
통째로 꽁꽁 얼어 버릴까

얼어서 모두를 아프게 할까

태풍의 눈으로 소리 없이 있다가
어느 날
솟아오른 물기둥을 타고
하늘을 만나러 가는

방울방울
물이나 될까?

파도에게

보물선의 손풍금 소리를 싣고 왔었다
암세포처럼 번지는 그리움을 싣고 왔었다
겹동백 붉은 선혈에 젖은
저녁놀을 싣고 왔었다

오늘은 또
눈부신 이별을 싣고 왔구나

내게 무엇을 주려느냐
내게 무엇을 주려느냐
또 무엇을 주려느냐

주었던 그 모두를 거둬 가거라
나를 떠나려는
순백의 영혼마져 싹 쓸어 가거라.

소금꽃

버리고 나면 남는 것이 없는 줄 알았다
보내고 나면 그리움도 죽는 줄 알았다

윤유월 하늘 아래
버리고, 또
보내고도,
순백의 보석으로 남아
흔들림이 없다

네 흰 가슴에.

저녁 강

생각을 불러 내는 바람 소리
생각의 단단한 몸을 푸는 물소리

뒤에 뒤에 그 뒤에
물잠자리 날고
너도 보고 있을 달 떠오른다

등 뒤에서
누가 자꾸 네 이름을 부른다.

눈보라

과녁을 그려 놓지 않은 내 가슴을 향해
무더기로 쏟아지던 화살이다

탁
한번에
뜨거운 심장을 네 것으로 하지 못하고
부옇게 시야를 가려
나를 실명케 한다

어디에서나 바람은 분다
어디에서나 춤출 수 있다

보라.

자화상

첫눈이 오는 날은 바닷가로 간다
목화솜 이불 한 채 등짐을 지고

몸과 마음을 닦이고 깎이면서
오히려 의젓한 바위에 앉아
그대가 심어 놓은 마음속 티눈
면도날로 베어내고
송곳으로 후벼파서 내던지러 간다

말과 채찍으로
스스로를 다스리는 바위에 앉아
마지막 내게 남은 눈물 한 방울
썰물의 그림자에 실어 보낸다

바닷속 어딘가에 잠자고 있는
천년 묵은 소라고동
그 울음 들으러 바닷가로 간다

\>
첫눈이 오는 날은 바닷가로 간다
내가
네 안에 들어가 녹고 싶어서.

자운영 사랑법

연약한 꽃잎을 흔들면서
뿌리가 튼튼하면 아무 일 없다고
자신의 몸을
낮게
더 낮게
엎드리면 아무 일 없다고
실뿌리를 이리저리 내리고
이웃과 이웃끼리 손을 잡으면
태풍이 불어와도 아무 일 없다고
논바닥에 달싹 엎드려 보였습니다.

동백꽃

한려수도 삼백 리 뱃길
혼불을 놓던
참나무 숯불

아, 아, 너는
죄가 되어
내 가슴속

불칼로 수놓은
주·홍·글·씨

저녁놀

너처럼
아름다운 뒷모습을 가지고 싶다

마지막 가는 길 빛나고
빛나게 불 밝히며 떠나고 싶다

너처럼 이쁜 소문
떠돌게 하고 싶다

순간을 살지라도
순간을 살지라도

이 세상 어느 곳에 빛으로 남는
이름이 되어.

믿는다

설매화 꽃잎을 바라보며
믿는다

쐐기풀에 손가락을 베며
믿는다

석쇠에서 갓 구워진 한 마리 생선이
바다로 돌아가는 꿈을 꾸는
그 꿈을 믿는다

지난날 그대가 보낸
파고다 뒷면에 새겨진
그 진실을 믿는다

아직도 나는 그대의 마음 하나
믿고 또 믿는다

그러나 우리는
그리다 만 그림을
다시 그릴 수 없음을 믿는다.

불 새

찻잔에 녹아 있는
그대의 눈빛을 마시는 겨울밤은 따뜻하다.

푸른 불꽃으로 타오르는
아이리시커피
그 속에 녹아 있는 달콤한 크림
향기로운 술냄새에 취해
푸르디푸른 불꽃보다
더 뜨거운 불을 마신다.

그대의 찻잔 속에는
누구의 가슴이 불붙고 있어
차갑고 날카로운 얼음 조각들이
밤이 깊도록
불길을 베어내고 있나.

갑자기
불새가 날아오른다.
까맣게 혀가 타서 벙어리가 되어.

D단조 연가

나는 오늘도

사하라 사막을 건너는

목마른

작은

개

미.

그 날

지우산에 내리는 밤비 소리는
따사롭다
다정하다
너를 기다리던 그날

유리창에 내리는 밤비 소리는
차갑다
쌀쌀하다
내가 너를 떠나온 그날

나는 네 안에 있다
너도 내 안에 있어라

밤에 오는 비는 늘
나를 묶는다.

담을 쌓는다

솟을대문 뒤로한
능소화 그늘 아래 꿈이
엿보일 것 같아

고향 집 토담 옆에 심었던
석류나무 한 그루
가슴을 열 것 같아

금사 보자기에 싸 두었던
그리운 기억을
누가 훔쳐 갈 것 같아

담을 쌓는다
더 높이 쌓는다
은행나무 어디쯤 묻어둔
스무 살 적 열정이
되살아올 것 같아.

오색 종이집

오색 종이집에
잠들어 있던 말들을 깨웠다

이른 봄에 뿌렸던 씨앗으로 하여
여름 내내
뜨거운 바램을
수없이 쓰고 또 지웠다

따가운 가을 햇살에
무더기로 되돌아오는
내 사랑의 고백
대순처럼 자라나던 그리움은
목을 움츠린다

하늘과
구름과
바다의
그대.

3월

해마다 이맘때면 큰 몸살을 한다
벗어야 할 옷을 벗지 못하고
갈아입을 새 옷이 준비되지 않아서다

낡아 빛바랜 헌 외투
벗어 던지지 못한 채
밤마다 식은땀으로 내의를 적시고
밭은기침은 가슴을 앓게 한다

카멜레온
삶이 현명하다는 세상에 태어나서
지난가을 마지막 남은 껍데기
그 하나를 벗지 못해
너를 맞아들이기가 이리도 고통스럽다.

풀꽃의 편지

바람의 등을 타고 여기에 왔어요

나누어 줄 곳이 너무 많은 햇빛 따라
여기에 왔어요

강둑에서
벼랑에서
이슬을 먹고
새소리로 다시 피어나는 내 모습을 보시나요
때로는
떠돌이별들이 전해주는 세상 이야기를
가난한 이웃들과 나누어 들으며
서러운 마음을 조금씩 떠나보내요

돌과 물의 만남까지도 헤아리시는
하느님의 음성이
땅속 깊은 곳에서 분수로 솟아올라
서러운 마음
죄 많은 몸을 깨끗이 씻어 주어요.

나이아가라

7만 6천 명이 함께 부는
트럼본 소리

로키산맥,
알래스카의 빙하를 녹여
루이즈 호수를 청록색으로 더욱 빛나게 하는

천둥처럼 울리는 물

울창한 침엽수림 사이 사이로
메아리치는
인디언의 함성 소리를 듣는다

니아가르
니아가르

63빌딩 아이맥스 영화관에서
종아리까지 머리를 땋아 내린
아메리칸 인디언을 본다

전생의 내 모습을 본다.

협·궤·수·인·1

수인선 협궤열차를 타면
덜커덩 덜커덩
몸이 흔들립니다
그 흔들림 사이로 어디선가
대장간의 망치 소리가 들려옵니다
소달구지의 요령 소리도 들려옵니다
생선 비린내에 젖은 아낙네의 젖가슴에서
서해 바닷바람 냄새가 납니다
바람에 부끄러이 흔들리면서
줄줄이 서서 불 밝히는
초롱꽃의 초롱초롱한 눈물이 보입니다
그 눈물 속에
소외된 자
잊혀 가는 자의 여윈 꿈들이
흔들리며
흔들리며
영글어가고 있습니다.

협·궤·수·인·2

폭설이 내리는 오늘 밤
전부순의 협궤열차를 타고 고향을 다녀왔습니다
굴뚝고개 성황당에는 붉고 푸른 깃발들이
그동안 어디서 살았느냐
반갑구나 반가워
덩더쿵 춤을 추며 반겨 주었습니다
떡굴밤나무 숲 옹달샘에는
목을 축인 청노루가
낮달의 얼굴을 씻어 주고 있었습니다
오디를 먹어 입술이 푸른
갈래머리 분이도
사립문에 기대어 졸고 있고
산나리꽃에 취해 볼이 붉은 소녀가
아직도 그곳에서 살고 있었습니다

전부순의 협·궤·수·인·전展에는
미래로 가는 받침목이 하나 하나 놓이고
과거와 현재가 나란히 달려가고 있었습니다
쉰내 나는 땀 냄새와 장미꽃 냄새가
이상하게 어우러져
마음 들뜨게 하였습니다.

새우잠

이슬은
천사의 눈물이라 하였습니다
요정이 타고 온 풍선이라 하였습니다
아기별이 뿌려 놓은
구슬이라 하였습니다

아홉 살짜리 아들놈은
일기를 쓰다 말고
요정들과 함께 잠나라를 돌아다닙니다
그 나라에서는
까마귀도 기쁜 소식을 전해오고
방울뱀은 요람의 아기를 재웁니다

잃어 버린 것들이 다시 돌아와
더욱 가득 찬 가을 들판에
달개비 꽃잎에 내려와 자고 가는
연푸른 눈물
그 곁에 내 꿈도 새우잠을 잡니다.

영사재永思齋에서

일어서는 개울물 소리는
더욱 차가워라

뼈만 앙상하게 남은 아버지의 꿈
군데군데 금이 간
영사재 서까래의 거미줄로 남아
풀벌레 소리에도 흔들리고 있어라

사랑방 문풍지 사이로
헛기침 소리도 정다운
귀에 익은 할아버지의 음성
그 앞에 무릎 꿇는 아버지의 그림자

금빛으로 눈부신 은행나무 사이로
거미줄에 부서지는
개울물 소리.

雪夜(설야) · 1

가슴까지 차오르는 눈길을 헤쳐가며
빼앗긴 나라를 찾아
만주로 떠나가던
할아버지의 검은 무명 양복이 보인다
독립유공자 명단에도 없는
할아버지의 이름은
육십여 년 전
오늘처럼 폭설이 내리는 날
물소뿔 파이프와 함께
눈 속에 파묻혀 찾을 길이 없다

사상 최대로 쌓인 눈밭에
그리움을 심어놓고
여닫이문 모두를 열어 놓는다.

발을 씻는다

꽁지머리 팔랑이며
살얼음 깨뜨려 북떡베 씻으시는
빨래터 어머님께 뛰어서 마중 가던

검정 운동화에 꿈을 실어
탱자꽃 하얗게 피어나는 여학교 울타리를
토셀리의 세레나데와 함께 걷던

짝이 다른 짚신을 끌고
소리 되어 지지 않는 울음 삼키며
아버지 묻으러 산으로 가던

내 발에 묻은 먼 기억을 씻는다

발가락 사이 사이에 아직도 끼어 있는
첫사랑의 불꽃
그 타다 만 찌꺼기도 함께
한 대야의 더운물로 씻어내는 오늘 밤
뒷산 대나무숲이 소리 없이 울고 있다.

하 영
hyhyh46@hanmail.net

- 1946년 경남 의령 출생.
- 의령국민학교·의령중학교·마산여자고등학교·창신대학 문예창작과 졸업.

• **등단**

1989년   계간《문학과 의식》신인상으로 시詩 등단.
2000년   '아동문예문학상' 수상으로 동시童詩 등단.

• **작품집**

1990년 10월   첫 시집《너 있는 별》(문학아카데미)
1993년 9월   제2시집《빙벽 혹은 화엄》(문학아카데미)
1994년   《어린이 글짓기 소프트 200》(공저, 문학아카데미)
1997년 10월   제3시집《자귀꽃 세상》(문학아카데미)
2006년 1월   인도기행집《天竺 日記》(불휘)
2007년 11월   첫 동시집《참 이상합니다》(아동문예)
2009년 7월   제4시집《햇빛소나기 달빛반야》(문학아카데미)
2014년   11인 영역시집《그대 안의 새싹 New Sprouts within You》(문학아카데미)

2019년 8월	제2동시집 《꽃밥 한 그릇》(도서출판 경남)
2021년 12월	제5시집 《안개 는개》(도서출판 경남)
2024년 12월	시선집 《또 하나의 불빛》(도서출판 경남)

• **수상**

1995년	제7회 남명문학상 신인상
1997년	경남문인협회 우수작품집상(《자귀꽃 세상》)
1997년	제3회 마산예총 공로상
2002년	제25회 마산시문화상(문학)
2007년	경남예술인상 공로상
2008년	제19회 경남아동문학상
2009년	제19회 시민불교문화상(현 산해원)
2016년	시인들이 뽑는 시인상
2020년	제7회 큰창원한마음예술제 올해의 작가상
2022년	제7회 경남시문학상
2024년	제16회 남명아동문학상

• **역임**

마산문인협회 부회장·경남문인협회 사무국장·경남시사랑문화인협의회 상임이사·경남여류문학회 초대 회장·창원시문화상 수상자회 부회장, 프리즘문학회 초대 회장 등

• **현재**

마산문인협회·경남문인협회·경남아동문학인협회·경남시인협회·한국불교아동문학회·한국문인협회·한국시인협회·국제펜한국본부 회원

또 하나의 불빛
하영 시선집

1쇄 찍은날   2024년 12월 30일

지은이　　　하　　영
펴낸이　　　오 하 룡

펴낸곳　　　도서출판 경남
주　소　　　창원시 마산합포구 몽고정길 2-1
연락처　　　(055)245-8818/223-4343(f)
이메일　　　gnbook@empas.com
출판등록　　제1985-100001호(1985. 5. 6.)
편집팀　　　오태민 심경애 구도희

ⓒ 하영

＊이 책은 경남문화예술진흥원의 문화예술지원을 보조받아 발간되었습니다.
＊잘못된 책은 바꿔 드립니다.
＊저자와 협의 인지 생략합니다.

ISBN　　　979-11-6746-169-8-03810

〔값 15,000원〕